GAIGE KAIFANG YU GOUJIAN
XIN FAZHAN GEJU YANJIU

改革开放与构建
新发展格局研究

赵　艾◎著

人民出版社

责任编辑:王 淼
封面设计:王欢欢
版式设计:王 婷

图书在版编目(CIP)数据

改革开放与构建新发展格局研究/赵艾 著. —北京:人民出版社,2021.11
ISBN 978－7－01－023694－0

Ⅰ.①改… Ⅱ.①赵… Ⅲ.①改革开放-研究-中国 Ⅳ.①D61

中国版本图书馆 CIP 数据核字(2021)第 166792 号

改革开放与构建新发展格局研究
GAIGE KAIFANG YU GOUJIAN XIN FAZHAN GEJU YANJIU

赵 艾 著

人民出版社 出版发行
(100706 北京市东城区隆福寺街 99 号)

北京建宏印刷有限公司印刷 新华书店经销

2021 年 11 月第 1 版 2021 年 11 月北京第 1 次印刷
开本:710 毫米×1000 毫米 1/16 印张:18
字数:201 千字

ISBN 978－7－01－023694－0 定价:66.00 元

邮购地址 100706 北京市东城区隆福寺街 99 号
人民东方图书销售中心 电话 (010)65250042 65289539

序　言

　　2020年是风云变幻、极不平凡、充满了风险和挑战的一年,也是我们奋力拼搏、化危为机、重塑信心和希望的一年。中国改革又到了一个新的历史关头,面临着前所未有的新形势、新挑战和新任务。

　　党的十九届五中全会审议通过了《中共中央关于制定国民经济和社会发展第十四个五年规划和二〇三五年远景目标的建议》(以下简称《建议》),这是指导今后一个时期加快改革发展,构建高水平社会主义市场经济体制的纲领性文件。"十四五"时期,中国特色社会主义建设事业进入新的历史阶段,中国将开启全面建设社会主义现代化国家新征程。《建议》将"改革开放迈出新步伐"作为"十四五"时期经济社会发展主要目标之一,对"全面深化改革,构建高水平社会主义市场经济体制"作出了全面部署。

　　全面深化改革是应对百年变局的战略抉择。当今世界正经历百年未有之大变局,新冠肺炎疫情全球大流行使这个大变局加速演进。经济全球化遭遇逆流,世界经济深度衰退,国际贸易和投资大幅萎缩,国际经济、科技、文化、安全、政治格局都在发生深刻调整,外部的不稳定性不确定性明显增加。今后一个时期,我们将面对一个动荡变革的世界,将面对更多逆风逆水的外部环境。世界上国家之间的竞争,说到底是制度上的竞争。我们要化危为机,在危机中育先机,于变局中开新局,就必须解放思想,锐意改革,加快完善社会主义市场经济体制。

全面深化改革是构建新发展格局的关键一招。"十四五"时期,不仅要转变发展方式、推动科技创新和产业结构升级,更重要的是必须突破原有的既得利益格局,破除一切制约高质量发展、高品质生活的体制机制障碍。包括对政府与市场的关系、中央与地方的关系、城镇与乡村的关系、收入分配领域的关系等重大格局进行调整。这些调整实际就是改革。只有用改革的思维、改革的办法,才能扫除阻碍国内大循环和国内国际双循环畅通的制度、观念和利益羁绊,真正释放内需的潜力,为中国的城市、乡村、各类市场主体增添活力,为高质量发展提供制度保障和新的动力。

全面深化改革也是实现"十四五"规划和2035年远景目标的根本动力。改革是解放和发展社会生产力的关键,是推动国家发展的根本动力。发展是解决我国一切问题的基础和关键,而改革创新是发展的根本动力。当前,推进改革的复杂程度、敏感程度、艰巨程度不亚于40年前,必须以更大的政治勇气和智慧,乘势而上,在更高起点、更高层次、更高目标上开启中国改革的新征程。

开启中国改革的新征程,必须坚持市场化改革的方向,必须坚持市场的目标导向和问题导向相统一。党的十九届五中全会公报指出,全面深化改革,构建高水平的社会主义市场经济体制。什么是高水平的社会主义市场经济体制?党的十九届五中全会公报明确指出了"十四五"要达到六个标准:"社会主义市场经济体制更加完善,高标准市场体系基本建成,市场主体更加充满活力,产权制度改革和要素市场化配置改革取得重大进展,公平竞争制度更加健全,更高水平开放型经济新体制基本形成"。这个"1+6"的表述系统全面阐明了未来五年乃至更长时期我国改革的总目标。要实现这个总目标,最核心的还是处理好政府和市场的关系。这个问题的本质就是,到底是政府在资源配置中发挥决定性作用,还是市场在资源配置中发挥决定性作用。在"十四五"时期,为解决我国发展中存在的市场激励不足、要素流动不畅、资源配置效率不高、微观经济活力不强等问题,必须坚持使市场在资源配置中起决定性作用,绝不能走计划经济的老路。要加快构建高标准市场体系,夯实产权制度、市场准入负面清单制度、公平竞争审查制度等市场体系基础制度。真正做到在市场能够高效配置资源的领域、在市场机制可以有效调节的事项上,让企业成为真正的市场主体、成为配置资源要素的主体。同时,要继续转变政府职能,最大限度减少政府对市场资源的直接配置和对微观经济活动的直接干预,完善宏观经济治理,更好发挥政府作用,有效弥补市场失灵。构建高水平的社会主义市场经济体制和高标准的市场体系,关键任务是强化竞争政策的基础地位,坚持竞争中性的原则,完善公平竞争审查制度。维护公平竞争是保障市场经济有效运行的核心,也是政府在管理经济社会事务中所要遵循的基本准则。要在市场准入、要素使用、产权保护等方面消除所有制歧视和壁垒,对各类市场主体一视同仁。只有形成高效规范、公平竞争、充分开放的国内统一大市场,才能保证资源配置的高效和市场的优胜劣汰,实现社会生产力的大解放、大发展。

开启中国改革新征程,必须在要素市场化配置体制机制改革方面取得重大突破。要素市场化配置是关键性基础性的重大改革任务，也是市场化改革成败的关键。"十四五"期间，在土地要素市场化配置方面，要建立健全城乡统一的建设用地市场，统筹推进农村土地征收、集体经营性建设用地入市、宅基地制度改革；要改革土地计划管理方式，探索建立全国性的建设用地、补充耕地指标跨区域交易机制。在劳动力要素市场化配置方面，要重点突破户籍、所有制等身份差异对劳动力要素自由流动、市场化配置的制度障碍，着力引导劳动力要素合理畅通有序流动；进一步放开除个别超大城市外的城市落户限制，试行以经常居住地登记户口的制度，在城市群内探索基本公共服务与常住人口挂钩机制。在资本要素市场化方面，要加快建立规范、透明、开放、有活力、有韧性的资本市场，推动以信息披露为核心的股票发行注册制改革，完善强制退市和主动退市制度；加快发展债券市场，探索对公司信用类债券实行发行注册管理制；推动资本向创造价值的优质企业流动，完善金融支持创新政策，实现金融和实体经济良性循环。在技术要素市场化配置方面，重点是健全职务科技成果产权制度，完善科技创新资源配置方式，促进技术要素与资本要素融合发展；继续探索国际科技合作新模式，坚持扩大科技领域对外开放。在数据要素市场化配置方面，要加快培育发展数据要素市场，建立数据资源清单管理机制，完善数据权属界定和交易流通的标准和措施，提升社会数据资源价值；推进政府数据开放共享，加快数据资源整合，依法保护个人信息。

开启中国改革新征程，必须进一步创新改革推进方式。2020年以来，中央出台了一系列深化市场化改革和扩大高水平对外开放的政策文件。改革举措密集出台，力度前所未有！展望"十四五"，市场化改革的推进方式本身也进一步改革创新,表现出一些新特点、新形式,其关键是正确处理好几个关系。

一是更加注重处理好改革的顶层设计和基层创新的关系。《建议》明确了"十四五"时期和到 2035 年我国发展改革的主要目标和重点任务,这是高瞻远瞩的顶层设计。同时,党中央多次强调,基层是改革创新的源头活水,要注重激发基层的改革创新活力,鼓励支持地方开展差别化的改革创新试点。

二是更加注重处理好改革与开放的关系。我们既要坚持用改革为解放生产力开辟道路,聚焦基础性和具有重大牵引作用的改革举措,为畅通国内大循环、实现高质量发展提供制度动能;又要坚定不移地建设更高水平开放型经济体制,稳步拓展规则、规制、管理、标准等制度型开放,为形成高标准的市场化、法治化、国际化营商环境提供高水平制度供给,增创国际合作和竞争新优势。

三是更加注重处理好改革与法治的关系。社会主义市场经济本质上是法治经济。必须以保护产权、维护契约、统一市场、平等交换、公平竞争、有效监管为基本导向,不断完善社会主义市场经济法治体系。既要坚持依法治国,把改革创新纳入法治的轨道,为市场经济运行提供法律供给和保障;又要通过特许授权等方式,为改革创新留出空间,在改革实践中进一步完善经济领域法治体系,加强对市场化改革探索创新的法律支持和保护。

2020 年 10 月,中共中央办公厅、国务院办公厅印发了《深圳建设中国特色社会主义先行示范区综合改革试点实施方案(2020—2025)》。通过综合授权、先行示范,以清单式批量授权方式赋予深圳市在重要领域和关键环节改革上更多自主权。同年 11 月,习近平总书记在浦东开发开放 30 周年庆祝大会上的讲话中指出,党中央正在研究制定关于支持浦东新区高水平改革开放、打造社会主义现代化建设引领区的意见,将赋予浦东新区改革开放新的重大任务。这些做法一方面向世界宣示了中国进一步加快市场化改革、扩大高水平对外开放的决心;同时也为各地区各部门增强改革的政治自觉和行动自觉,在"十四五"时期开展综合性改革试点、统筹推进重要领域和关键环节改革提出了要求和示范。

习近平总书记指出:"改革是解放和发展社会生产力的关键,是推动国家发展的根本动力。"①在"十四五"时期全面深化改革,必须立足新发展阶段,着力解决发展不平衡不充分问题,以更大的决心和勇气、更多的政策和举措破除深层次体制机制障碍,靠改革为构建新发展格局开辟道路。

近年来,我和中国经济体制改革研究会的同志们,会同各有关方面,围绕全面深化改革,构建高水平社会主义市场经济体制,全面提高对外开放水平,建设更高水平开放型经济新体制,组织开展了一系列研究。赵艾同志作为中国经济体制改革研究会的常务副会长兼秘书长,在配合我组织开展改革开放重大问题研究的同时,也深入思考许多重大问题,成果颇丰。本书收录了赵艾同志 2019 年 10 月到中国经济体制改革研究会工作以来发表的部分文章,涉及"深化要素市场化改革""高水平对外开放""推进'一带一路'建设高质量发展""区域经济协调发展"等方面。既有他围绕中央决策部署和国家大政方针的学

---

① 习近平:《在经济社会领域专家座谈会上的讲话》(2020 年 8 月 24 日),人民出版社 2020 年版,第 7 页。

习认识和体会,也有理论联系实际对我国改革、开放和发展的认真研究。很多观点见解独到,又坚持实事求是,有较强的现实针对性。

我和赵艾同志相识并共事多年。1987 年赵艾同志从中国社会科学院研究生院毕业到国家经济体制改革委员会工作时,我正在国家体改委理论组工作。在国家体改委工作期间,赵艾同志先后在理论组、理论宣传局、国外经济体制司等有关部门工作,从事过经济体制改革、宏观经济、各国经济体制比较、企业改革和国际竞争力比较等方面的研究,涉猎的领域一直是很宽的,后来又到瑞士洛桑国际管理发展学院(IMD)开展国际问题合作研究。在原国务院西部地区开发领导小组办公室工作期间,他先后在经济社会组、综合规划组担任主要领导职务,主要从事区域协调发展等方面研究。在国家发展改革委工作期间,他先后在西部开发司、区域开放司(推进“一带一路”建设工作领导小组办公室)担任主要领导职务,还兼任过推进“一带一路”建设工作领导小组办公室综合组组长,主要从事国际经济、对外开放,以及国际合作等问题研究。赵艾同志也曾到地方和企业工作过,积累了比较丰富的改革开放基层实践经验。

希望本书的出版,能为读者更多了解新时代中国深化改革开放的艰辛历程和光明前景提供有益的参考帮助,也希望赵艾同志有更多的思考和研究成果与读者分享。

是为序。

彭　森

2021 年 1 月

前　　言

　　2021 年,以"十四五"发展开局起步为标志,中国开启了全面建设社会主义现代化国家的新征程。新征程的新任务就是准确把握新发展阶段,深入贯彻新发展理念,加快构建新发展格局。

　　新征程、新任务面临着新形势。当前和今后一个时期,我国发展仍然处于重要战略机遇期,但发展环境面临深刻复杂变化。世纪疫情和百年变局交织,机遇和挑战都前所未有。国际形势纷繁复杂,不稳定性不确定性更加突出。新冠肺炎疫情全球蔓延,影响广泛深远,人类生命健康安全遭遇严重挑战。经济全球化遭遇逆流,世界经济陷入深度衰退。单边主义、保护主义、霸权主义对世界和平与发展构成威胁。我国已转向高质量发展阶段,制度优势显著,治理效能提升,经济长期向好,物质基础雄厚,人力资源丰富,市场空间广阔,发展韧性强劲,社会大局稳定,继续发展具有多方面优势和条件,但发展不平衡不充分问题仍然突出,重点领域关键环节改革任务仍然艰巨。对此,我们必须有深刻清醒的认识。

一、世纪疫情冲击巨大，全球面临严峻考验

新冠肺炎疫情全球暴发并蔓延为百年未遇。2020 年 3 月 11 日，世界卫生组织宣布新冠肺炎疫情"大流行"。全球 200 多个国家和地区出现疫情。截至北京时间 2021 年 5 月 5 日 22 时 38 分时，全球新冠疫情的基本情况是：全球确诊病例超 1 亿万例，达 153954491 例。全球报告新冠肺炎死亡病例超 322 万例，达 3221052 例。全球新增确诊病例仍然处于高位，新增确诊超过 570 万例；新增死亡病例超过 9.3 万例。其中，印度新增确诊病例占全球的 46%，死亡病例占全球的 25%。①

新冠肺炎疫情是新中国成立以来我国遭遇的传播速度最快、感染范围最广、防控难度最大的重大突发公共卫生事件。党和政府坚持人民至上、生命至上，以坚定果敢的勇气和坚忍不拔的决心，同时间赛跑、与病魔较量，迅速打响疫情防控的人民战争、总体战、阻击战，用 1 个多月的时间初步遏制疫情蔓延势头，用 2 个月左右的时间将本土每日新增病例控制在个位数以内，用 3 个月左右的时间取得武汉保卫战、湖北保卫战的决定性成果，进而又接连打了几场局部地区聚集性疫情歼灭战，夺取了全国抗疫斗争重大战略成果。在此基础上，统筹推进疫情防控和经济社会发展工作，抓紧恢复生产生活秩序，取得显著成效。中国的抗疫斗争，充分展现了中国精神、中国力

---

① 截至北京时间 2021 年 10 月 3 日 6 时 30 分，全球累计确诊新冠肺炎病例 235372362 例，累计死亡病例 4810539 例。全球单日新增确诊病例 392877 例，新增死亡病例 6177 例。

量、中国担当。

受新冠肺炎疫情影响,国际贸易和投资急剧萎缩,人员货物流动严重受阻,全球产业链供应链遭受冲击,世界经济陷入第二次世界大战结束以来最严重衰退。各国纷纷出台应对措施,力度之大、规模之广也是历史罕见。2021 年 4 月 22 日,国际货币基金组织在北京发布 2021 年春季《世界经济展望报告》,预计全年经济增长复苏,但世界经济还面临许多挑战与不确定性。面对疫情,各国人民守望相助,汇聚起抗击疫情的共同力量。中国发起新中国成立以来规模最大的紧急人道主义行动,得到国际社会广泛欢迎和高度肯定。我国虽然夺取了抗疫斗争重大战略成果,但由于疫情全球流行加速,多个国家出现新冠病毒新变种,境外输入压力增大。疫情风险仍在,防控形势依然严峻复杂,不能掉以轻心。

二、百年变局加速演进,不确定性不稳定性风险明显增加

当今世界正经历百年未有之大变局。2018 年 6 月,习近平总书记在中央外事工作会议上强调,世界处于百年未有之大变局;2018 年 7 月 25 日,习近平主席在南非约翰内斯堡出席金砖国家工商论坛发表重要讲话指出,当今世界正面临百年未有之大变局;2018 年 9 月,他在 2018 年中非合作论坛北京峰会开幕式上的主旨讲话中指出,当今世界正在经历百年未有之大变局。从"处于"到"面临"再到"经历",提法的细微变化,反映了对百年变局认识的深化。

世界经济新旧动能转换正在加速演进。5G、人工智能、大数据、量子信息、生物技术等新一轮科技革命和产业变革正在积聚力量,新技术、新产业、新业态、新平台、新模式蓬勃兴起,不但为经济发展提供了新路径,而且将给全球发展和人类生产生活带来翻天覆地的变化。仅就2020年看,众多领域科技创新亮点纷呈,如多国航天项目取得进展:5月,我国长征五号B运载火箭成功首飞,空间站阶段飞行任务首战告捷;美国太空探索技术公司的"龙"飞船首次载人试飞,将两名美国宇航员送往国际空间站。7月,阿联酋"希望"号、中国"天问一号"火星探测器、美国"毅力"号火星车先后升空,对火星开展全面探测;中国"北斗三号"全球卫星导航系统建成并开通,我国成为世界上第三个独立拥有全球卫星导航系统的国家。12月,中国"嫦娥五号"返回器携带月球样品安全着陆。此外,2020年11月28日,"奋斗者"号全海深载人潜水器成功完成万米海试并胜利返航;2020年12月4日,中国新一代可控核聚变研究装置建成放电;速度比谷歌量子计算机快100亿倍的中国量子计算机"九章"问世;等等。

国际格局和力量对比正在深刻变革。目前,新兴市场国家和发展中国家对世界经济增长的贡献率已经达到80%。按汇率法计算,这些国家的经济总量占世界的比重接近40%。保持现在的发展速度,10年后将接近世界总量一半。中国作为新兴市场国家和发展中国家的引领者,对世界经济增长的贡献更加突出。2020年,在全球疫情危机持续、地缘冲突不确定性增加,世界其他各主要经济体严重负增长的背景下,中国国国内生产总值正增长2.3%,达101.5986万亿元,历史上首次突破100万亿元。从2000年迈上10万亿元台阶,到后来2012年突破50万亿元,2014年突破60万亿元,2016年突破

70 万亿元,2017 年突破 80 万亿元,2018 年超过 90 万亿元。按不变价计算,比 1978 年增长约 40 倍,占世界经济比重从 1.7% 上升至 17% 左右,对世界经济增长的贡献率超过 30%。2020 年底,国际货币基金组织、世界银行、经济合作与发展组织三大国际组织对 2021 年中国经济增速作出预测,分别为 8.2%、6.9%、6.8%,2021 年对全球经济增长的贡献将超过三分之一。表明全球对中国经济增长充满信心。这不仅是中国经济发展的成功轨迹,还意味着中国经济实力、科技实力、综合国力又跃上一个新台阶,而且表明,全球经济发展版图正在迅速改变,国际发展格局和力量对比正在加速演化。

全球治理体系面临新的挑战。世界多极化、经济全球化在曲折中前行,国际安全风险点增多,恐怖主义等非传统安全威胁上升。单边主义、保护主义愈演愈烈,多边主义和多边贸易体制受到严重冲击。要合作还是要对立,要开放还是要封闭,要互利共赢还是要以邻为壑,国际社会再次来到何去何从的十字路口。2020 年 9 月 21 日,联合国大会举行联合国成立 75 周年纪念峰会,通过《纪念联合国成立 75 周年宣言》,宣言强调多边主义和国际合作的重要性,重申对可持续发展、环境保护、和平、正义、性别平等方面的承诺。与会代表表示,在世界面临诸多威胁与挑战,尤其是新冠肺炎疫情肆虐全球之际,国际社会更需坚持多边主义,加强全球合作。

三、在危机中育先机,于变局中开新局

疫情与变局,躲不开、绕不过。诸多挑战和风险,现实地摆在面前。如何应对,既是难题更是考验。展望"十四五"壮丽征程,时与势在我们一边,这是我们的定力和底气所在,也是我们的决心和信心所在。

(一) 积极参与全球治理体系建设和改革,推动构建人类命运共同体

人类只有一个地球,所有人都拥有同一个世界。面对世界各国间的联系和依存日益加深以及诸多共同挑战等全球性问题,不论身处何国、信仰如何、是否愿意,实际上已经处在一个命运共同体中,任何国家、任何个人都不可能独善其身。所以,必须共同推进构建人类命运共同体。

构建人类命运共同体是构建新的全球治理体系的中国方案。党的十八大报告指出,要倡导人类命运共同体意识。2012 年 12 月 5 日,习近平总书记在同在华工作的外国专家代表座谈时指出,国际社会日益成为一个你中有我、我中有你的命运共同体;2013 年 3 月,习近平主席在莫斯科国际关系学院发表重要演讲时首次提出人类命运共同体理念;2015 年 3 月 28 日,他在博鳌亚洲论坛 2015 年年会上的主旨演讲中提出要推动建设人类命运共同体;2015 年 9 月,习近平主席在纽约联合国总部举行的第 70 届联合国大会一般性辩论时的讲话中指出要打造人类命运共同体;2017 年 1 月,习近平主席在联合国日内瓦总部发表了题为《共同构建人类命运共同体》的演讲。2017 年 10 月,党的十九大报告指出,要坚持和平发展道路,倡导构建人类命运共同体,促进全球治理体系变革。2018 年 3 月,第十三届全国人民代表大会第一次会议通过了宪法修正案,在宪法

序言中首次写入推动构建人类命运共同体。2018 年 12 月,习近平总书记在庆祝改革开放 40 周年大会上的重要讲话中指出,我们积极推动建设开放型世界经济、构建人类命运共同体,促进全球治理体系变革。2019 年 10 月,党的十九届四中全会提出,坚持和完善独立自主的和平外交政策,推动构建人类命运共同体。

人类命运共同体理念的内涵和实践不断丰富完善。2020 年 3 月,习近平主席在就新冠肺炎疫情致法国总统马克龙的慰问电中首次提出打造人类卫生健康共同体倡议。2020 年 11 月,习近平主席在北京以视频方式出席上海合作组织成员国元首理事会第二十次会议并发表重要讲话时强调,要构建卫生健康共同体、安全共同体、发展共同体、人文共同体,为推动构建人类命运共同体作出更多实践探索。这既是新形势下中国为上合组织发展贡献的中国智慧和中国方案,同时也指明了疫情背景下乃至后疫情时代推动构建人类命运共同体的新方向、新目标。

开启元首"云外交"新模式,推动构建人类命运共同体。2020年,在全球疫情特殊背景下,习近平主席广泛开展"电话外交""书信外交""视频外交"等"云外交",同外国领导人及国际组织负责人会晤、通话 80 多次,以视频形式出席重要外交活动 20 多场。2020 年 3 月,习近平主席在出席二十国集团领导人应对新冠肺炎特别峰会发表的重要讲话中强调,病毒无国界,疫情是我们的共同敌人,各国必须携手拉起最严密的联防联控网络。2020 年 5 月,他在第 73 届世界卫生大会视频会议开幕式上的致辞中,提出团结合作防控疫情的6 条建议和中国的 5 项承诺;2020 年 6 月,习近平主席在中非团结抗疫特别峰会上的主旨讲话中提出,同非洲人民坚定站在一起,坚定不移携手抗击疫情;2020 年 9 月 14 日,他在同德国、欧盟领导人共同举行会晤时表示,中国坚持多边主义,愿同欧方在双边、地区、全球层面加强对话和协作,坚持共商共建共享的全球治理观;2020 年 9 月 21 日,习近平主席在联合国成立 75 周年纪念峰会上的讲话中指出,要践行多边主义,不能坐而论道,而要起而行之,不能只开药方,不见疗效;2020 年 9 月 22 日,他在第 75 届联合国大会一般性辩论上的讲话中表示,大国更应该有大的样子,要提供更多全球公共产品,承担大国责任,展现大国担当;2020 年 9 月 23 日,习近平主席以视频方式会见联合国秘书长古特雷斯时表示,中方坚定支持联合国系统特别是世界卫生组织发挥关键领导作用,加强国际合作和联防联控,共同构建人类卫生健康共同体;2020 年 9 月 30 日,习近平主席在出席联合国生物多样性峰会上的讲话中指出,加强生物多样性保护、推进全球环境治理需要各方持续坚韧努力;2020 年 11 月 17 日,习近平主席在出席金砖国家领导人第十二次会晤上的讲话中强调,中国开放的大门不会关闭,只会越开越大;2020 年 11 月 19 日,习近平主席在出席亚太经合组织工商领导人对话上的主旨演讲中指出,我们构建新发展格局,绝不是封闭的国内单循环,而是开放的、相互促进的国内国际双循环;2020 年 11 月 20 日,他在亚太经合组织第二十七次领导人非正式会议上的发言中指出,我们倡导开放的地区主义,探索出自主自愿、协商一致、灵活务实、循序渐进的"APEC 方式";2020 年 11 月 21 日,习近平主席在二十国集团领导人第十五次峰会第一阶段会议上的讲话中承诺,向其他发展中国家提供帮助和支持,努力让疫苗成为各国人民用得上、用得起的公共产品;2020 年 11 月 22 日,习近平主席在二十国集团领导人利雅得峰会"守护地球"主题边会上的致辞中呼吁,地球是我们的共同家园,我们要秉持人类命运共同体理念,携手应对气候环境领域挑战,守护好这颗蓝色星球;2020年12月12日,习近平主席在气候雄心峰会上的讲话中指出,地球是人类共同的、唯一的家园。"云外交"新模式,有力促进了国际社会密切互动,推动全球抗疫合作,展现了中国作为负责任大国的世界胸怀和历史担当,人类命运共同体理念更加深入人心。

（二）以构建新发展格局为抓手,开启全面建设社会主义现代化国家新征程

2020年10月召开的党的十九届五中全会审议通过的《中共中央关于制定国民经济和社会发展第十四个五年规划和二〇三五年远景目标的建议》(以下简称《建议》),是开启全面建设社会主义现代化国家新征程、向第二个百年奋斗目标进军的纲领性文件,是今后五年乃至更长时期我国经济社会发展的行动指南。《建议》指出:"加快构建以国内大循环为主体、国内国际双循环相互促进的新发展格局"。构建新发展格局,是适应我国新发展阶段新形势新任务的必然选择,也是与时俱进提升我国经济发展水平的客观要求,同时是塑造我国国际经济合作和竞争新优势的战略部署。2021年1月,习近平总书记在省部级主要领导干部学习贯彻党的十九届五中全会精神专题研讨班开班式上的重要讲话中强调,加快构建以国内大循环为主体、国内国际双循环相互促进的新发展格局,是"十四五"规划《建议》提出的一项关系我国发展全局的重大战略任务,需要从全局高度准确把握和积极推进。

构建新发展格局,源于对新发展阶段国内外环境深刻变化及其

机遇和挑战的全面认识、准确把握和统筹考虑。2020 年 5 月 14 日，中共中央政治局常务委员会召开会议，分析国内外新冠肺炎疫情防控形势，会议指出，要深化供给侧结构性改革，充分发挥我国超大规模市场优势和内需潜力，构建国内国际双循环相互促进的新发展格局；2020 年 5 月 23 日，习近平总书记在看望参加全国政协十三届三次会议的经济界委员时指出，面向未来，我们要把满足国内需求作为发展的出发点和落脚点，加快构建完整的内需体系，着力打通生产、分配、流通、消费各个环节，逐步形成以国内大循环为主体、国内国际双循环相互促进的新发展格局，培育新形势下我国参与国际合作和竞争新优势；2020 年 7 月 21 日，习近平总书记在企业家座谈会上的讲话中指出，企业家要努力成为新时代构建新发展格局、建设现代化经济体系、推动高质量发展的生力军；2020 年 7 月 30 日召开的中共中央政治局会议指出，当前经济形势仍然复杂严峻，不稳定性不确定性较大，我们遇到的很多问题是中长期的，必须从持久战的角度加以认识，加快形成以国内大循环为主体、国内国际双循环相互促进的新发展格局；2020 年 8 月 24 日，习近平总书记在经济社会领域专家座谈会上的讲话中指出，要以畅通国民经济循环为主构建新发展格局，新发展格局决不是封闭的国内循环，而是开放的国内国际双循环；2020 年 9 月 9 日，习近平总书记在中央财经委员会第八次会议上指出，流通体系在国民经济中发挥着基础性作用，构建新发展格局，必须把建设现代流通体系作为一项重要战略任务来抓；2020 年 9 月 11 日，习近平总书记在科学家座谈会上的讲话中指出，加快科技创新是构建新发展格局的需要；2020 年 9 月 17 日，习近平总书记在基层代表座谈会上的讲话中指出，我们要科学分析形势、把握发展大势，坚持稳中求进工作总基调,坚持新发展理念,统筹发展和安全,加快形成以国内大循环为主体、国内国际双循环相互促进的新发展格局;2020年9月22日,习近平总书记在教育文化卫生体育领域专家代表座谈会上的讲话中指出,提升自主创新能力,尽快突破关键核心技术,是构建新发展格局的一个关键问题。此外,2020年8月在安徽考察、主持召开扎实推进长三角一体化发展座谈会时,习近平总书记强调,要牢牢把握扩大内需这个战略基点,努力探索形成新发展格局的有效路径。这些重要指示阐明了构建新发展格局的核心要旨、基本内容和重点任务,为领会贯彻提供了基本遵循。

加快构建新发展格局,学习领会固然重要,但关键在于抓好贯彻落实。要在准确把握其内涵的基础上,坚持以新发展理念为指导,通过扎扎实实的工作积极推进相关任务落实。一是扭住关键。构建新发展格局的关键在于国内经济循环的畅通无阻。要依托强大国内市场,贯通生产、分配、流通、消费各环节,打破行业垄断和地方保护,形成国民经济良性循环。要坚持深化供给侧结构性改革这条主线,优化供给结构,改善供给质量,提升供给体系对国内需求的适配性。二是把握核心。构建新发展格局的核心是坚持创新驱动,把科技自立自强作为强化国家战略科技力量的重要支撑,健全社会主义市场经济条件下新型举国体制,打好关键核心技术攻坚战,提高创新链整体效能,全面塑造发展新优势。要把发展经济着力点放在实体经济上,提升产业链供应链现代化水平。三是聚焦重点。构建新发展格局重在形成强大国内市场,要坚持扩大内需这个战略基点,加快培育完整内需体系,建立起扩大内需的有效制度,把实施扩大内需战略同深化供给侧结构性改革有机结合起来,以创新驱动、高质量供给引领和释放内需潜力,创造新需求,扩大居民消费,提升消费层次。四是统筹兼顾。构建新发展格局是个系统工程,必须坚持系统思维和统筹施策,思路要有前瞻性,谋划注重全局性,布局重视战略性,推进考虑整体性。统筹国内国际两个大局,充分利用国内国际两个市场两种资源,综合协调发展和安全两个方面,促进国内国际双循环。以国内大循环吸引全球资源要素,积极促进内需和外需、进口和出口、引进外资和对外投资协同发展,促进国际收支基本平衡,塑造我国参与国际合作和竞争新优势。实现更高质量、更有效率、更加公平、更可持续、更为安全的发展。

(三) 加大改革开放力度,为新征程新任务提供坚强制度保障

改革是关键一招,开放是基本国策。改革是决定当代中国命运的关键一招,对外开放是国家繁荣发展的必由之路。改革开放 40 多年的实践表明,推动经济社会发展,解决发展遇到的矛盾和困难,实现什么样的发展,怎样实现发展,必须靠改革开放。在开启全面建设社会主义现代化国家新征程的新发展阶段,无论是推动构建人类命运共同体,还是构建新发展格局,都涉及事关全局的系统性深层次变革,毫无疑问也都需要通过更深层次改革,实行更高水平开放,为实现新目标完成新任务提供强大动力。

改革是应变局开新局的动力。党的十八大以来,以习近平同志为核心的党中央在重要领域和关键环节推出了一系列重要改革举措。改革从夯基垒台、立柱架梁,到全面推进、积厚成势,再到系统集成、协同高效,一路蹄疾步稳、勇毅笃行,在新起点上实现了新突破,

取得了新成果。2019 年 10 月召开的党的十九届四中全会审议通过了《中共中央关于坚持和完善中国特色社会主义制度、推进国家治理体系和治理能力现代化若干重大问题的决定》(以下简称《决定》),这次全会不仅系统集成了党的十八届三中全会以来全面深化改革的理论成果、制度成果、实践成果,而且对新时代全面深化改革勾勒出更加清晰的顶层设计。之后,中央全面深化改革委员会分别于 2019 年 11 月,2020 年 2 月、4 月、6 月、9 月、11 月、12 月召开第十一到第十七次共 7 次会议。中共中央、国务院 2020 年 4 月印发《关于构建更加完善的要素市场化配置体制机制的意见》;2020 年 5 月印发《关于新时代加快完善社会主义市场经济体制的意见》;2020 年 6 月印发《海南自由贸易港建设总体方案》。2020 年 10 月、11 月,习近平总书记分别出席深圳经济特区建立 40 周年庆祝大会和浦东开发开放 30 周年庆祝大会并发表重要讲话,表明在更高起点上推进改革开放的坚定决心。"十四五"规划和 2035 年远景目标纲要把坚持深化改革开放作为"十四五"时期经济社会发展必须遵循的原则之一,提出要全面深化改革,构建高水平社会主义市场经济体制。

改革只能保持进行时,不能出现休止符。随着我国进入新发展阶段,改革又到了一个新的关头。此前,我们已经啃下了不少硬骨头但还有许多硬骨头要啃,已经攻克了不少难关但还有许多难关要攻克。攻坚克难,一要继续把握好改革和发展的内在联系。深刻认识我国社会主要矛盾变化带来的新特征新要求,深刻认识错综复杂国际环境带来的新矛盾新挑战,深刻认识全面深化改革的阶段性新特点新任务,紧扣贯彻新发展理念、推进高质量发展、构建新发展格局,紧盯解决突出问题,提高改革的战略性、前瞻性、针对性,加快推进有利于提高发展质量和效益的改革,使改革更好对接发展所需、基层所盼、民心所向,推动改革和发展深度融合、高效联动。二要坚持社会主义市场经济改革方向,建设高标准市场体系,围绕夯实市场体系基础制度、发挥市场在资源配置中的决定性作用、提高要素配置效率、改善提升市场环境和质量、实施高水平市场开放、完善现代化市场监管机制等重点任务,畅通市场循环,疏通堵点。三要把深化改革攻坚同改革举措的系统集成、协同高效结合起来,聚焦基础性和具有重大牵引作用的改革举措,加强制度创新充分联动和衔接配套,提升改革综合效能,打通淤点堵点,激发整体效应。四要把推进改革同防范化解重大风险结合起来,深入研判改革形势和任务,科学谋划推动落实改革的时机、方式、节奏,推动改革行稳致远。五要把激发创新活力同凝聚奋进力量结合起来,强化激励机制,充分调动各方面推进改革的积极性、主动性、创造性,推动改革在新发展阶段打开新局面。

开放是应变局开新局的必由之路。新发展阶段,用新发展理念构建的新发展格局,是开放的而不是封闭的格局。新发展格局以国内大循环为主体,不是排斥国际循环的单循环,而是依托我国大市场优势、促进国际合作、开拓互利共赢新局面、国内国际相互促进的双循环。构建新发展格局背景下的开放,是更高水平的开放,是在更大范围、更宽领域、更深层次的全面开放。这种高水平的开放经得住各种风浪的考验。以 2020 年为例,尽管受新冠肺炎疫情影响,且国际环境不确定性不稳定性明显增加,但我国在对外开放领域取得的成效和进展依然可圈可点。数据显示,2020 年我国货物贸易进出口总值 32.16 万亿元人民币,比 2019 年增长 1.9%,是全球唯一实现货物贸易正增长的主要经济体;全国非金融领域实际使用外资 9999.8 亿元人民币,同比增长 6.2%,引资规模再创历史新高。在全球跨国直接投资大幅下降的背景下,全年实际使用外资逆势增长,实现了引资总量、增长幅度、全球占比"三提升"。许多外资企业对中国开放政策和环境充满信心。2020 年,近六成外资企业营业收入、利润实现增长或持平,近九成半企业对未来前景持乐观或谨慎乐观态度。埃克森美孚、戴姆勒、宝马、丰田、LG 等跨国公司纷纷加码投资中国市场。目前,外资企业已占全国企业总数的 2%,贡献了全国 1/10 的城镇就业、1/6 的税收、2/5 的进出口。这些数据表明,中国超大规模市场对外资的吸引力没有改变,产业配套、人力资源、基础设施等方面的综合竞争优势没有改变,对外贸易和吸引外商直接投资的基本面没有改变,外商长期在华投资经营的预期和信心没有改变。以上事实充分反映了我国开放经济所具有的韧性和活力,归根到底,说明我国长期坚持的全面开放政策产生了正向积极作用。这些都使我们有理由相信,坚持对外开放足以为构建新发展格局提供有力支撑。

要推动更深层次的对外开放。更深层次的对外开放,是建设更高水平开放型经济新体制的开放,关键是推动开放从商品和要素流动型开放向制度型开放转变。要充分发挥自由贸易试验区、自由贸易港、先行示范区、引领区等开放高地在制度创新方面的作用,推动与国际通行规则、规制、管理和标准的对接,健全促进和保障境外投资的法律、政策和服务体系,构建公正、合理、透明的国际经贸规则体系。推进贸易创新发展,增强对外贸易综合竞争力,使贸易和投资更为自由化、便利化。完善外商投资准入前国民待遇加负面清单管理制度,有序扩大服务业对外开放,依法保护外资企业合法权益,坚定维护中国企业海外合法权益,对凡是愿同中国合作的国家、地区和企业,我们都要积极开展合作。《鼓励外商投资产业目录》从 1995 年第一版开始历经 9 次修订,2020 年版已于 2021 年 1 月施行。《外商投资准入特别管理措施(负面清单)》经 7 年 6 次修订,到 2020 年由最初的 190 条压缩至全国 33 条、自贸试验区 30 条、自由贸易港 27 条。新的外商投资法及实施条例正式实施,全面取消商务领域外资企业审批和备案。此外,国务院推动修改、废止与外商投资法不符的行政法规 23 部。商务部 2020 年 8 月发布《外商投资企业投诉工作办法》,2020 年 11 月发布《中国外商投资指引(2020 版)》等。从 2018 年 11 月开始,中国已经连续举办了 3 届中国国际进口博览会。2020 年 11 月,商务部、国家发展改革委、财政部等 9 部门和单位共同作出决定,在全国设立 10 个进口贸易促进创新示范区。这些举措将释放出推动构建新发展格局的强劲动力。此外,要实现更深层次的对外开放,必须继续优化营商环境,继续推进共建"一带一路"高质量发展,继续深化国际多边双边经贸合作,积极参与全球经济治理体系改革。实现更深层次的对外开放,也包括开放与改革相互促进、相辅相成,把更高水平开放和更深层次改革有机结合,等等。

　　总之,面对世纪疫情和百年变局交织,唯有统筹考虑中华民族伟大复兴战略全局和世界百年未有之大变局,深刻认识我国社会主要矛盾变化带来的新特征新要求,深刻认识错综复杂的国际环境带来的新矛盾新挑战,增强机遇意识和风险意识,保持战略定力,树立底线思维,准确识变、科学应变、主动求变,才能趋利避害,抓住机遇,应对挑战,做到泰山崩于前而色不变,任凭风浪起,稳坐钓鱼船。在笔者将近两年对国际国内问题尤其是对改革开放的思考汇集成册之际,对新征程、新阶段、新格局、新任务有感而发,谈点认识和体会,是为前言。

赵　艾

2021 年 10 月于北京皂君庙 4 号

目　　录

第一篇　深化改革篇

第二篇　扩大开放篇

第三篇　"一带一路"篇

第一篇

深化改革篇

1

构建新发展格局要发挥好全面
深化改革的关键性作用

改革是决定当代中国命运的关键一招。全面深化改革是构建新发展格局中起关键作用的重要推动力。当今世界，百年变局与全球疫情相互交织，不确定不稳定因素增多。我国正处在转变发展方式、优化经济结构、转换增长动力的攻关期，发展不平衡不充分问题仍然突出，结构性、体制性、周期性问题相互交织叠加，构建新发展格局面临的风险与挑战复杂多变。要规避风险、应对挑战，在危机中育新机、于变局中开新局，关键还是在于全面深化改革。

2018 年 12 月 18 日，习近平总书记在庆祝改革开放 40 周年大会上的讲话中指出，40 年的实践充分证明，改革开放是党和人民大踏步赶上时代的重要法宝，是坚持和发展中国特色社会主义的必由之路，是决定当代中国命运的关键一招，也是决定实现"两个一百年"奋斗目标、实现中华民族伟大复兴的关键一招。2020 年 8 月 24 日，习近平总书记在经济社会领域专家座谈会上的讲话中强调，要以深化改革激发新发展活力。改革是解放和发展社会生产力的关键，是推动国家发展的根本动力。2021 年 2 月 19 日，在中央全面深化改革委员会第十八次会议上,习近平总书记指出,要发挥全面深化改革在构建新发展格局中的关键作用。

一、全面深化改革对构建新发展格局意义重大

党的十八大以来,党中央多次召开重要会议对全面深化改革作出部署并全力推动改革各项目标任务落实。党的十九大以来,党中央围绕新时代党和国家事业发展新要求,按照全面深化改革的总目标,着力增强改革的系统性、整体性、协同性,保持工作力度和连续性,对全面深化改革作出了一系列新部署,推动落实了一大批力度更大、要求更高、举措更实的改革任务。过去几年,"坚持全面深化改革"内涵更为丰富,标识更为鲜明,实践更为饱满,进展更为显著。

2017 年 11 月 20 日下午,十九届中央全面深化改革领导小组第一次会议召开。习近平总书记在这次会议上强调,过去几年来改革已经大有作为,新征程上改革仍大有可为。各地区各部门学习贯彻党的十九大精神,要注意把握蕴含其中的改革精神、改革部署、改革要求,接力探索,接续奋斗,坚定不移将改革推向前进。这次会议还强调,要继续推动党的十八大以来部署的改革任务落实,改革的担子越挑越重。我们必须准备付出更为艰巨、更为艰苦的努力。要抓紧梳理党的十九大提出的改革任务和举措,有计划有秩序推进落实。

2018 年 3 月,中央全面深化改革委员会成立。按照当月中共中央印发的《深化党和国家机构改革方案》,为加强党中央对涉及党和

国家事业全局的重大工作的集中统一领导,强化决策和统筹协调职责,将中央全面深化改革领导小组、中央网络安全和信息化领导小组、中央财经领导小组、中央外事工作领导小组分别改为中央全面深化改革委员会、中央网络安全和信息化委员会、中央财经委员会、中央外事工作委员会,负责相关领域重大工作的顶层设计、总体布局、统筹协调、整体推进、督促落实。

2018 年 3 月至 2021 年 5 月底,中央全面深化改革委员会已召开 19 次会议。其中,2018 年召开 5 次:

第一次会议于 3 月 28 日召开,强调要加强和改善党对全面深化改革统筹领导,紧密结合深化机构改革推动改革工作;

第二次会议于 5 月 11 日召开,强调要加强领导、周密组织、有序推进,统筹抓好中央和地方机构改革;

第三次会议于 7 月 6 日召开,强调要激发制度活力,激活基层经验,激励干部作为,扎扎实实把全面深化改革推向深入;

第四次会议于 9 月 20 日召开,强调要加强领导、科学统筹、狠抓落实,把改革重点放到解决实际问题上来;

第五次会议于 11 月 14 日召开,强调要深刻总结改革开放伟大成就、宝贵经验,不断把新时代改革开放继续推向前进。

2019 年召开 6 次:

第六次会议于 1 月 23 日召开,强调要对标重要领域和关键环节改革,继续啃硬骨头,确保干一件成一件;

第七次会议于 3 月 19 日召开,强调要把稳方向、突出实效、全力攻坚,坚定不移推动落实重大改革举措;

第八次会议于 5 月 29 日召开,强调要因势利导、统筹谋划、精准

施策,在防范化解重大矛盾和突出问题上出实招硬招,推动改革更好服务经济社会发展大局;

第九次会议于 7 月 24 日召开,强调要紧密结合"不忘初心、牢记使命"主题教育,推动改革补短板、强弱项、激活力、抓落实;

第十次会议于 9 月 9 日召开,强调要加强改革系统集成协同高效,推动各方面制度更加成熟更加定型;

第十一次会议于 11 月 26 日召开,强调要落实党的十九届四中全会部署的重要举措,实现改革举措的有机衔接、融会贯通,审议通过了《中共中央、国务院关于构建更加完善的要素市场化配置体制机制的意见》。

此外,2019 年 10 月 28 日至 31 日,党的十九届四中全会在京举行,全会审议通过了《中共中央关于坚持和完善中国特色社会主义制度、推进国家治理体系和治理能力现代化若干重大问题的决定》。

2020 年中央全面深化改革委员会召开 6 次会议:

第十二次会议于 2 月 14 日召开,强调要完善重大疫情防控体制机制,健全国家公共卫生应急管理体系,审议通过了《中共中央、国务院关于新时代加快完善社会主义市场经济体制的意见》;

第十三次会议于 4 月 27 日召开,强调要深化改革,健全制度,完善治理体系,善于运用制度优势应对风险挑战冲击;

第十四次会议于 6 月 30 日召开,强调要依靠改革,应对变局,开拓新局,扭住关键,鼓励探索,突出实效;

第十五次会议于 9 月 1 日召开,强调要推动更深层次改革,实行更高水平开放,为构建新发展格局提供强大动力;

第十六次会议于 11 月 2 日召开,强调要全面贯彻党的十九届五中全会精神,推动改革和发展深度融合、高效联动;

第十七次会议于 12 月 30 日召开,强调要坚定改革信心,汇聚改革合力,推动新发展阶段改革取得更大突破。

此外,2020 年 5 月 14 日,中共中央政治局常务委员会召开会议指出,要构建国内国际双循环相互促进的新发展格局。之后,习近平总书记在看望参加全国政协十三届三次会议的经济界委员等多个场合,对构建新发展格局进行了多次阐述。2020 年 10 月 26 日至 29 日,党的十九届五中全会在京举行。

2021 年中央全面深化改革委员会已开 4 次会议:

第十八次会议于 2 月 19 日召开,强调要完整准确全面贯彻新发展理念,发挥改革在构建新发展格局中关键作用;

第十九次会议于 5 月 21 日召开,强调要完善科技成果评价机制,深化医疗服务价格改革,减轻义务教育阶段学生作业负担和校外培训负担。

第二十次会议于 7 月 9 日召开,强调统筹指导构建新发展格局,推进种业振兴,推动青藏高原生态环境保护和可持续发展;

第二十一次会议于 8 月 30 日召开,强调加强反垄断反不正当竞争监管力度,完善物资储备体制机制,深入打好污染防治攻坚战。

此外,2021 年 1 月 31 日,中共中央办公厅、国务院办公厅印发《建设高标准市场体系行动方案》。

上述中央全面深化改革委员会召开的 19 次会议以及有关的中央政治局集体学习、中央财经委员会会议、中央经济工作会议等,基本勾勒出党的十九大以来中央关于全面深化改革决策部署的清晰路线图和任务书。从强调坚持全面深化改革到强调为构建新发展格局提供强大动力、发挥关键作用,彰显了以习近平同志为核心的党中央在构建新发展格局的过程中以全面深化改革为动力,充分发挥全面深化改革关键作用的坚定信心和决心。

二、构建新发展格局中全面深化改革的重点领域

习近平总书记在中央全面深化改革委员会第十八次会议上的重要讲话中强调,全面深化改革同贯彻新发展理念、构建新发展格局紧密关联,要完整、准确、全面贯彻新发展理念,扭住构建新发展格局目标任务,更加精准地出台改革方案,推动改革向更深层次挺进,发挥全面深化改革在构建新发展格局中的关键作用。具体说来,要围绕5 个方面深化改革。

(一)围绕实现高水平自立自强深化改革

高水平自立自强是构建新发展格局的最本质特征和必然选择。党的十九届五中全会提出坚持创新在我国现代化建设全局中的核心地位,把科技自立自强作为国家发展的战略支撑,并将其摆在各项规划任务的首位突出强调。

2021 年 1 月 11 日,习近平总书记在省部级主要领导干部学习贯彻党的十九届五中全会精神专题研讨班开班式上指出,构建新发展格局最本质的特征是实现高水平的自立自强,必须更强调自主创

新,全面加强对科技创新的部署,集合优势资源,有力有序推进创新攻关的"揭榜挂帅"体制机制,加强创新链和产业链对接。在中央全面深化改革委员会第十九次会议上,习近平总书记再次强调,加快实现科技自主自强,要用好科技成果评价这个指挥棒。

实现高水平自立自强,有许多工作要做,但关键靠深化改革。要完善党对科技工作领导的体制机制,推动科技创新力量布局、要素配置、人才队伍体系化、协同化,发挥新型举国体制优势,坚决破除影响和制约科技核心竞争力提升的体制机制障碍,加快攻克重要领域"卡脖子"技术,有效突破产业瓶颈,牢牢把握创新发展主动权。要遵循科技创新规律,创新科技体制机制,最大限度调动各方面推动自立自强的积极性、主动性。

(二) 围绕畅通经济循环深化改革

在完善公平竞争制度、加强产权和知识产权保护、激发市场主体活力、推动产业链供应链优化升级、建设现代流通体系、建设全国统一大市场等方面推出更有针对性的改革举措来,促进各项改革融会贯通、系统集成。重点在于:

一是激发各类市场主体的活力。在国有经济领域,重点是要推进国有经济的布局优化和结构调整。要推动国有资本、国有企业进一步聚焦战略安全、产业引领、国计民生和公共服务等功能,调整存量结构,优化增量投向。积极稳妥推进国有企业混合所有制改革,推动已经确定的 4 批 200 多户国企混改试点。及时总结混改实践经验,制定深化国企混改的实施意见。在民营经济领域,重点优化民营经济发展环境,努力破除制约民营企业发展的壁垒和障碍。加强对民营经济运行的监测,打造一批民营经济发展示范城市,充分发挥典型示范带动作用。

二是加快建设全国统一大市场。抓好《建设高标准市场体系行动方案》落实,推动建设高标准的市场体系。深化土地、劳动力、资本、技术和数据等要素的市场化配置改革。进一步完善市场准入,全面落实"全国一张清单"的管理模式,健全负面清单动态调整机制。修订出台《市场准入负面清单(2021年版)》,持续破除市场准入的各种隐性壁垒。制定和出台海南、深圳等开放高地的放宽市场准入的特别措施。

三是深化重点行业改革。电力行业要推动全国统一的电力市场体系建设,扩大电力现货交易试点,推动电网企业装备制造、设计、施工等竞争性业务改革实施方案的落实。石油天然气行业要深化石油天然气管网运营机制的改革,加快构建全国一张网,推动国家管网向市场主体公平开放,不断完善政府原油、成品油储备的体制机制。铁路行业要深化铁路市场化改革,促进铁路运输业务市场主体适度竞争。

此外,要健全公平竞争审查机制,加强反垄断和反不正当竞争执法司法,提升市场综合监管能力。

(三)围绕扩大内需深化改革

坚定实施扩大内需战略,把扩大内需作为发展的战略基点,加快培育完整内需体系,持续向内需要发展潜力。

健全区域协调发展体制机制。加快推动京津冀协同发展,全面推动长江经济带发展,积极稳妥推进粤港澳大湾区建设,提升长三角一体化发展水平,扎实推进黄河流域生态保护和高质量发展。推进西部大开发形成新格局,推动东北振兴取得新突破,开创中部地区崛起新局面,鼓励东部地区加快推进现代化,支持特殊类型地区发展,健全区域协调发展体制机制。以中心城市和城市群等经济发展优势区域为重点,增强经济和人口承载能力,带动全国经济效率整体提升。破除资源流动障碍,优化行政区划设置,提高中心城市综合承载能力和资源优化配置能力,强化对区域发展的辐射带动作用。

健全城乡融合发展体制机制,加快推进以人为核心的新型城镇化。深化土地制度、户籍制度改革,建立城乡统一的建设用地市场,实现农村集体经营性建设用地与国有土地同等入市、同价同权。进一步放开除个别超大城市外的城市落户限制。试行以经常居住地登记户口的制度,在城市群内探索户口通迁、居住证互认制度,建立城镇教育、就业创业、医疗养老等基本公共服务与常住人口挂钩机制。

建立健全巩固拓展脱贫攻坚成果同乡村振兴有效衔接机制。从构建新发展格局来看,脱贫攻坚成果同乡村振兴衔接不仅关系到巩固脱贫攻坚成果,关系农村农业工作,而且直接关系到国内大循环的形成和良性运行。

健全再分配调节机制,扎实推动共同富裕。要完善按要素分配政策制度,要健全各种生产要素由市场决定报酬的机制,努力增加中低收入群体的要素收入,扎实推进共同富裕。另外,要完善重要民生商品的价格调控机制,建立健全基本公共服务的标准体系,促进养老托育服务的健康发展,改革和完善全民健身的公共服务体系,满足人民群众不断增长的美好生活需要。

（四）围绕实行高水平对外开放深化改革

建设更高水平开放型经济新体制。深化商品、服务、资金、人才等要素流动型开放，稳步推进规则、规制、管理、标准等制度建设，全面提高对外开放水平。

推动贸易和投资自由化便利化，推进贸易创新发展，增强对外贸易综合竞争力。

完善外商投资准入前国民待遇加负面清单管理制度，有序扩大服务业对外开放，依法保护外资企业合法权益，营造市场化、法治化、国际化、便利化、数字化的营商环境。

健全促进和保障境外投资的法律、政策和服务体系，坚定维护中国企业海外合法权益，实现高质量引进来和高水平走出去。

完善自由贸易试验区布局，赋予其更大改革自主权，稳步推进海南自由贸易港建设，建设对外开放新高地。

稳慎推进人民币国际化，坚持市场驱动和企业自主选择，营造以人民币自由使用为基础的新型互利合作关系。

发挥好中国国际进口博览会等重要展会平台作用。

推动共建"一带一路"高质量发展。要继续坚持共商共建共享原则，秉持绿色、开放、廉洁理念，深化务实合作，加强安全保障，促进共同发展。

积极参与全球经济治理体系改革。维护多边贸易体制，积极参与世界贸易组织改革，推动完善更加公正合理的全球经济治理体系。

（五）围绕推动全面绿色转型深化改革

深入推进生态文明体制改革，健全自然资源资产产权制度和法律法规，完善资源价格形成机制，建立健全绿色低碳循环发展的经济体系。

"十四五"时期，我国生态文明建设进入了以降碳为重点战略方向、推动减污降碳协同增效、促进经济社会发展全面绿色转型、实现生态环境质量改善由量变到质变的关键时期。要完整、准确、全面贯彻新发展理念，保持战略定力，站在人与自然和谐共生的高度来谋划经济社会发展，坚持节约资源和保护环境的基本国策，坚持节约优先、保护优先、自然恢复为主的方针，形成节约资源和保护环境的空间格局、产业结构、生产方式、生活方式，统筹污染治理、生态保护、应对气候变化，促进生态环境持续改善，努力建设人与自然和谐共生的现代化。

2021年4月30日，中共中央政治局就新形势下加强我国生态文明建设进行第二十九次集体学习时，习近平总书记指出，要提高生态环境治理体系和治理能力现代化水平，健全党委领导、政府主导、企业主体、社会组织和公众共同参与的环境治理体系，构建一体谋划、一体部署、一体推进、一体考核的制度机制。要深入推进生态文明体制改革，强化绿色发展法律和政策保障。要完善环境保护、节能减排约束性指标管理，建立健全稳定的财政资金投入机制。要全面实行排污许可制，推进排污权、用能权、用水权、碳排放权市场化交易，建立健全风险管控机制。要增强全民节约意识、环保意识、生态意识，倡导简约适度、绿色低碳的生活方式，把建设美丽中国转化为全体人民自觉行动。各级党委和政府要担负起生态文明建设的政治责任,坚决做到令行禁止,确保党中央关于生态文明建设各项决策部署落地见效。

三、构建新发展格局中全面深化改革需把握的关键环节

在构建新发展格局中发挥全面深化改革的关键作用,重在把加强改革系统集成、推动改革举措落地见效摆在更加突出的位置。具体讲,要注重并抓好以下关键环节。

(一) 坚持系统观念,推动改革系统集成

坚持系统观念是"十四五"时期经济社会发展必须遵循的 5 个原则之一。提出坚持系统观念,这在党的中央全会和党的重要文件中还是第一次。这是党的十九届五中全会精神的一大亮点,是党的理论创新的一个创新点。坚持这个原则是推进全面深化改革开放的内在要求。

2019 年 9 月 9 日,习近平总书记在主持召开中央全面深化改革委员会第十次会议时强调,落实党的十八届三中全会以来中央确定的各项改革任务,前期重点是夯基垒台、立柱架梁,中期重点在全面推进、积厚成势,现在要把着力点放到加强系统集成、协同高效上来,巩固和深化这些年来我们在解决体制性障碍、机制性梗阻、政策性创新方面取得的改革成果,推动各方面制度更加成熟更加定型。

推进改革系统集成,要加强改革前瞻性思考、全局性谋划、战略性布局和整体性推进。要改革与开放有机结合,统筹国内国际两个大局,办好发展安全两件大事。要坚持全国一盘棋,更好发挥市场配置资源的决定性作用,更好发挥政府作用,调动中央、地方和各方面积极性。要有利于固根基、扬优势、补短板、强弱项,防范化解重大风险挑战。要有利于推动实现发展质量、结构、规模、速度、效益、安全相统一。

推进改革系统集成,重在增强改革的系统性、整体性、协同性,使各项改革举措产生联动效应。这是由全面深化改革的特点决定的。全面深化改革的"全面"是关系全局,不是某个领域某个方面的单项改革,是统筹推进各领域改革,不是零敲碎打的调整,更不是碎片化的修修补补,而是全面的、系统的、联动的和集成的。

推进改革系统集成,最根本的是从"五位一体"总体布局和"四个全面"战略布局的角度考虑和推进全面深化改革的目标和任务。要完整、准确、全面贯彻新发展理念,扭住构建新发展格局目标任务,做到改革和开放相互促进、改革和发展有机统一、深化改革和依法治国相辅相成、深化改革和党的领导协同推进。

推进改革系统集成,要提高政治判断力、政治领悟力、政治执行力,主动识变求变应变,强化全局视野和系统思维,加强改革政策统筹、进度统筹、效果统筹,发挥改革整体效应。

(二)树立辩证思维解决改革重点难点问题

构建新发展格局中全面深化改革,面对各种十分复杂的利益关系,有许多矛盾需要有效解决,有许多关系需要正确处理,有许多难题需要积极破解,做到这些,离不开辩证思维。只有增强辩证思维能力,才能提高驾驭复杂局面、处理复杂问题的本领,才能真正做好各项改革工作。

所谓辩证思维,就是洞察事物发展规律,承认矛盾、分析矛盾、解决矛盾,善于抓住关键、找准重点。就要求在全面深化改革中善于处理局部和全局、当前和长远、重点和非重点的关系,在权衡利弊中趋利避害、在辩证分析中作出最为有利的抉择。在方法论上,要增强问题意识、坚持问题导向,深入分析改革面临的复杂形势和繁重任务,对各种矛盾做到心中有数,善于抓住主要矛盾和矛盾的主要方面来制定改革的主要措施,同时立足各领域改革的耦合性制定配套措施,使各项改革措施在政策取向上相互配合、在实施过程中相互促进、在实际成效上相得益彰。

掌握辩证思维,推进改革,要坚持两点论和重点论相统一,立足新发展阶段,解决影响贯彻新发展理念、构建新发展格局的突出问题,解决影响人民群众生产生活的突出问题,解决影响改革重点突破、纵深推进的突出问题。习近平总书记指出,在任何工作中,我们既要讲两点论,又要讲重点论,没有主次,不加区别,眉毛胡子一把抓,是做不好工作的。

深化改革中运用两点论,就要坚持一分为二地看问题。既要看到有利的一面,也要看到不利的一面。既要敢于突破,又要一步一个脚印、稳扎稳打。

深化改革中坚持重点论,就是找突出问题、抓关键问题,抓重点带一般。要有强烈的问题意识,以重大问题为导向,抓住重大问题、关键问题深入研究,找出答案,着力推动解决。

深化改革中注重转化论,就是从辩证的观点看待问题和矛盾的转化。改革遇到的不少矛盾,量积累到一定程度就会发生质的突变,所谓量变引起质变。如果对此类矛盾熟视无睹,甚至回避、掩饰矛盾,在矛盾面前畏缩不前,坐看矛盾激化,那就会出大问题,最后势必造成无法弥补的损失。

(三) 增强创新意识,不断推出改革新思路新举措

创新是一个民族、一个国家的灵魂,也是全面深化改革的不竭动力。构建新发展格局需要创新意识,全面深化改革也要靠创新。创新意识、创新举措、创新实践,应贯穿全面深化改革的各个方面和各个环节。

首先,思路要不断创新。思路创新必须坚持解放思想。解放思想、实事求是是我们党的思想路线的核心内容,也是中国革命、建设和改革不断获得成功的有力法宝。习近平总书记指出,解放思想、实事求是、与时俱进,是马克思主义活的灵魂,是我们适应新形势、认识新事物、完成新任务的根本思想武器。面对百年变局和全球疫情,改革面对的形势错综复杂,挑战与考验层出不穷。唯有进一步解放思想,牢固树立创新意识,才能不断破除旧观念,克服旧习惯,打开旧藩篱,产生新思路,解决新问题,开拓新局面。习近平总书记多次强调,改革只有进行时没有完成时。进一步解放思想,不断创新改革思路也只有进行时没有完成时。

其次,举措要不断创新。全面深化改革,光有立场和态度还不行,必须有实实在在的举措。党的十八大以来,中央就全面深化改革进行了一系列部署,推出一系列新举措。这些新举措推动了一系列

新突破。构建新发展格局过程中要发挥好全面深化改革的关键作用,必须立足新发展阶段,贯彻好新发展理念,看清各种影响和阻碍新发展格局构建的矛盾症结所在,找准突破的方向和着力点,制定和推出有创新性的改革举措。比如说,如何在扩大内需为主的情况下,国际国内双循环相互促进;如何提升供给侧结构性改革与需求侧管理的适配性;如何切实发挥好市场在资源配置中的决定性作用同时更好地发挥政府的作用;怎样既坚持以公有制为主体又保证多种所有制经济共同发展;怎样既坚持以按劳分配为主体又允许多种分配方式并存;怎样采取有效措施缩小不同群体的收入差距;怎样既激发市场主体的活力又避免出现不正当竞争;等等。这些都需要根据新情况、新问题,制定并实施有针对性、可操作、能见实效的改革新举措。

最后,实践要不断创新。改革开放40多年的实践一直是不断创新的过程。这种实践创新不仅让中国特色社会主义建设的伟大成就大放异彩,而且极大彰显了中国特色社会主义的道路自信、理论自信、制度自信和文化自信。坚持和完善中国特色社会主义制度,推进国家治理体系和治理能力现代化,依然必须继续推进实践创新。立足新发展阶段、贯彻新发展理念、构建新发展格局、实现高质量发展,每一项任务的落实,每一项工作的推进,都是实践创新的过程。实践创新,必须根据新时代、新特点、新要求,用新思路、新举措,在实践中正确处理好政府与市场、中央与地方、国内与国外、效率与公平、供给与消费等方面的关系。真正实现改革实践的系统集成,让改革实践有的从中央层面加大统的力度、集中力量整体推进,有的从地方基层率先突破、率先成势,根据实际情况来推动。

（四）发扬钉钉子精神，推动改革举措任务落地见效

一分部署，九分落实。习近平总书记反复强调，党和国家事业发展，离不开全党脚踏实地、真抓实干。改革开放40多年的实践充分证明，任何改革举措，只有持之以恒抓落实，才能见实效，改革才能不断推向深入。抓落实贵在实干，不能空谈。切记"空谈误国，实干兴邦"。

抓落实必须发扬钉钉子精神。2013年2月28日，习近平总书记在党的十八届二中全会第二次全体会议上指出，我们要有钉钉子的精神，钉钉子往往不是一锤子就能钉好的，而是要一锤一锤接着敲，直到把钉子钉实钉牢，钉牢一颗再钉下一颗，不断钉下去，必然大有成效。如果东一榔头西一棒子，结果很可能是一颗钉子都钉不上、钉不牢。全面深化改革要在构建新发展格局中发挥好关键作用，也要像钉钉子那样，把改革举措、任务一锤一锤接着敲，不折腾、不反复，持之以恒、坚持到底，直到落实见效。

以钉钉子精神抓落实，要加强协同配合。重大改革举措落实，往往涉及多个方面、多个部门、多个环节。因此，必须统筹兼顾，增强落实的系统性、灵活性、协调性和配套性。要注重处理好方方面面的关系，不能医了头痛造成脚痛，不能解决了这个问题，又引发另一个问题。所以，既要敢为天下先、敢闯敢试，又要积极稳妥、蹄疾步稳，把改革发展稳定安全等多方面因素统一起来考虑，既保持方向不变、道路不偏、力度不减，又做到走得更稳、走得更实、走得更远。

以钉钉子精神抓落实，就要拿出抓铁有痕、踏石留印的韧劲。构建新发展格局，全面深化改革要解决的问题纷繁复杂，要完成的任务

艰巨繁重。唯有拿出钉钉子的劲头，咬定青山不放松的韧劲，按照全面深化改革目标，通过扎扎实实、锲而不舍的努力，才能把全面深化改革的各项部署和任务落到实处。钉钉子重在一以贯之地贯彻，做到一张好的蓝图一干到底，直到出成效。因此，抓改革举措、改革任务落实，必须转变工作作风，实事求是，尊重客观规律，力戒形式主义、官僚主义。否则虚抓、抓而不紧或抓而不实，再好的举措只能是一纸空文。

以钉钉子精神抓落实，要有"功成不必在我，功成一定有我"的境界。要甘于寂寞，勇于付出，不能计较得失、在乎名利、争功摆好。要一步一个脚印，一茬一茬接着干，只要干出成绩，干事者都有功劳。当然，实践是不断发展的，抓落实也要与时俱进，看准了的要及时调整和完善。调整和完善不是朝令夕改。要落实落细改革主体责任，抓好制度建设这条主线，既要在原有制度基础上继续添砖加瓦，又要在现有制度框架内搞好"精装修"，打通制度堵点、抓好制度执行，推动解决实际问题，见到改革实效。

（本文原为作者 2021 年 5 月 22 日在中国企业创新发展论坛上发表的演讲，收入时略有改动）

加快要素市场化配置，
推动经济体系优化升级

《中共中央关于制定国民经济和社会发展第十四个五年规划和二〇三五年远景目标的建议》（以下简称《建议》）把加快发展现代产业体系，推动经济体系优化升级作为重要任务。

一、推动经济体系优化升级是构建新发展格局的重要举措

构建新发展格局，重在依托强大国内市场，贯通生产、分配、流通、消费各环节，形成国民经济良性循环。国民经济良性循环的基点是必须把发展经济的着力点放在实体经济上，建设制造强国、质量强国、网络强国、数字中国，推进产业基础高级化、产业链现代化，提高经济质量效益和核心竞争力，也就是必须推动经济体系优化升级。

（一）畅通国内大循环，客观上要求经济体系优化升级

一是供给与需求应该适配。以国内大循环为主体，首要任务必须优化供给结构，改善供给质量，提升供给体系对国内需求的适配性，形成需求牵引供给、供给创造需求的更高水平动态平衡。供给与需求适配的关键在于提升产业链、供应链现代化水平。2020 年 12 月召开的中央经济工作会议提出，要增强产业链、供应链自主可控能力。产业链、供应链安全稳定是构建新发展格局的基础。要统筹推进补齐短板和锻造长板，针对产业薄弱环节，实施好关键核心技术攻关工程，尽快解决一批"卡脖子"问题，在产业优势领域精耕细作，搞出更多独门绝技。2020 年 12 月 17 日，财政部、税务总局、发展改革委、工业和信息化部联合发布公告，对芯片行业实施大幅减税，芯片企业最高可免 10 年所得税。这表明了国家打造新兴产业链，推动传统产业高端化、智能化、绿色化，发展服务型制造的坚定决心。

二是产业发展必须均衡。国内大循环要循环好，必须提升产业链、供应链现代化水平。要保持制造业比重基本稳定，巩固壮大实体经济根基，加快发展现代服务业。推动生产性服务业向专业化和价值链高端延伸，推动各类市场主体参与服务供给，加快发展研发设计、现代物流、法律服务等服务业，推动生活性服务业向高品质和多样化升级，加快发展健康、养老、育幼、文化、旅游、体育、家政、物业等服务业，加强公益性、基础性服务业供给。推进服务业标准化、品牌化建设。

三是产业发展环节要衔接。发展好实体经济，产业上下游、产供销环节必须有效衔接。要促进产业在国内有序转移，优化区域产业

链布局,支持老工业基地转型发展。补齐产业链供应链短板,实施产业基础再造工程,加大重要产品和关键核心技术攻关力度,发展先进适用技术,推动产业链供应链多元化。

四是产业门类关系协调。要实现经济高质量发展,农业、制造业、服务业、能源资源等产业必须协调发展。要推动现代服务业同先进制造业、现代农业深度融合,加快推进服务业数字化。金融、房地产同实体经济要均衡发展。

(二)通过国内国际双循环促进经济体系优化升级

一是充分利用国内国际两个市场两种资源。经济体系优化升级,不能关起门来进行,必须是在一个面向国际市场的开放系统中进行。要通过统筹考虑内需和外需、进口和出口、引进外资和对外投资,内外协调发展,来优化升级经济体系。

二是完善内外贸一体化调控体系。促进内外贸法律法规、监管体制、经营资质、质量标准、检验检疫、认证认可等相衔接,推进同线同标同质。根据内外贸易的需求来对应调整生产并配置资源,从而影响并促进经济体系的变化。

三是优化国内国际市场布局。根据市场需求及变化相应调整优化商品结构、贸易方式,提升出口质量,增加优质产品进口。通过进出口商品数量和结构的统筹考虑,使得经济体系能够扬优势、补短板、强弱项,不断优化升级。

四是实施贸易投资融合工程。构建现代物流体系,物流活动贯穿第一、第二、第三产业,连接供需,是现代化经济体系的重要组成部分,是实现经济运行中供需均衡、规模集约、结构优化的重要手段。

新发展格局将对物流空间布局与运行模式提出新要求,全球供应链布局重构和开放新格局将推动物流市场发生新调整,新技术与新模式的不断涌现将促进物流业升级产生新突破,实现新转型。

(三) 全面促进消费,需要经济体系优化升级

一是顺应消费升级趋势。提升传统消费,培育新型消费,适当增加公共消费。在发达国家,消费占国内生产总值的比重通常达70%—80%。2020年,我国消费支出占GDP的比重达54.3%,为近年来最高水平。中等收入群体不断扩大,居民多样化、个性化、高端化需求与日俱增,消费结构正在优化升级,拥有超大规模并极具潜力的消费市场。因此,客观上需要经济体系不断优化升级,来满足不断增长变化的消费需求,有效释放居民消费潜力,带动扩大内需。满足新型消费需求,也要求生产不断提档升级,从而促进产业结构的调整与优化。

二是以质量品牌为重点促进消费。生产应引导消费向绿色、健康、安全发展,鼓励消费新模式新业态发展。产品质量、品牌会直接影响甚至改变消费业态、消费模式。只有经济体系不断优化升级,才能源源不断提供优质品牌产品的供给,刺激和拉动消费。

三是促进汽车、住房消费模式转变。2020年中央经济工作会议提出,既要控制房价,也要注重解决大城市住房难问题,通过房地产市场的良性发展,带动消费品市场的持续发展。具体办法是:大城市的土地供应向租赁住房建设倾斜,要单列租赁住房用地计划,探索利用集体建设用地和企事业单位自有闲置土地建设租赁住房,国有和民营企业都要发挥功能作用。

四是促进线上线下消费融合发展。从线下实体店主动数字化,到线上消费者"先消费后买单",这些新消费模式不仅释放了消费潜力、激发了消费新动力,也在促进消费升级,将潜在的消费需求转变为现实的(即期)需求。这些新模式不仅解决了消费者的生活急需,改善了消费者的生活品质,而且有利于缓解企业的库存压力。线上消费将成为助力中国消费增长和升级的抓手。线上线下深层次融合,实现了对商品的生产、流通、展示、营销、销售、售后等全过程的再造升级,对整体经济转型产生了促进作用。

此外,开拓城乡消费市场、促进服务消费等对经济体系优化升级的作用也是显而易见的。

二、推动经济体系优化升级的根本出路在于改革、开放、创新

推动经济体系优化升级,发展现代产业体系,实现高质量发展,必须依靠全面深化改革,构建高水平社会主义市场经济体制;必须依靠高水平对外开放,实施更大范围、更宽领域、更深层次开放;必须依靠坚持面向世界科技前沿、面向经济主战场、面向国家重大需求、面向人民生命健康的科技创新方向,把科技自立自强作为国家发展的战略支撑。

(一)经济体系优化升级必须靠创新驱动

创新在我国现代化建设全局中居于核心地位,也是经济体系优

化升级的关键。坚持创新驱动发展,全面塑造发展新优势就要强化国家战略科技力量。

一是发挥新型举国体制优势打好关键核心技术攻坚战。加强基础研究、注重原始创新,优化学科布局和研发布局,推进学科交叉融合,完善共性基础技术供给体系。瞄准人工智能、量子信息、集成电路、生命健康、脑科学、生物育种、空天科技、深地深海等前沿领域,实施一批具有前瞻性、战略性的国家重大科技项目。制定实施战略性科学计划和科学工程,推进科研院所、高校、企业科研力量优化配置和资源共享。推进国家实验室建设,重组国家重点实验室体系。布局建设综合性国家科学中心和区域性创新高地,支持北京、上海、粤港澳大湾区形成国际科技创新中心,构建国家科研论文和科技信息高端交流平台。

二是强化企业创新主体地位。充分发挥企业技术创新能力,促进各类创新要素向企业集聚。推进产学研深度融合,支持企业牵头组建创新联合体,承担国家重大科技项目。发挥企业家在技术创新中的重要作用,鼓励企业加大研发投入,对企业投入基础研究实行税收优惠。发挥大企业引领支撑作用,支持创新型中小微企业成长为创新重要发源地,加强共性技术平台建设,推动产业链上中下游、大中小企业融通创新。

三是充分调动人才创新的积极性、主动性。贯彻尊重劳动、尊重知识、尊重人才、尊重创造方针,深化人才发展体制机制改革,全方位培养、引进、用好人才,造就更多国际一流的科技领军人才和创新团队,培养具有国际竞争力的青年科技人才后备军,切实激发各类人才的创新活力。健全以创新能力、质量、实效、贡献为导向的科技人才评价体系。加强学风建设,坚守学术诚信。深化院士制度改革。健全创新激励和保障机制,构建充分体现知识、技术等创新要素价值的收益分配机制,完善科研人员职务发明成果权益分享机制。加强创新型、应用型、技能型人才培养,实施知识更新工程、技能提升行动,壮大高水平工程师和高技能人才队伍。支持发展高水平研究型大学,加强基础研究人才培养。实行更加开放的人才政策,构筑集聚国内外优秀人才的科研创新高地。

四是深入推进科技体制改革。完善国家科技治理体系,优化国家科技规划体系和运行机制,推动重点领域项目、基地、人才、资金一体化配置。改进科技项目组织管理方式,实行"揭榜挂帅"等制度。完善科技评价机制,优化科技奖励项目。加快科研院所改革,扩大科研自主权。加强知识产权保护,大幅提高科技成果转移转化成效。加大研发投入,健全政府投入为主、社会多渠道投入机制,加大对基础前沿研究支持。完善金融支持创新体系,促进新技术产业化规模化应用。弘扬科学精神和工匠精神,加强科普工作,营造崇尚创新的社会氛围,健全科技伦理体系。促进科技开放合作,研究设立面向全球的科学研究基金。

(二)经济体系优化升级必须靠改革推动

2020年11月2日召开的中央全面深化改革委员会第十六次会议指出,"十四五"时期我国将进入新发展阶段,改革又到了一个新的关头。贯彻党的十九届五中全会精神,要继续把握好改革和发展的内在联系,深刻认识全面深化改革的阶段性新特点新任务,紧盯解决突出问题,提高改革的战略性、前瞻性、针对性,推动改革和发展深度融合、高效联动。对党的十九届五中全会提出的一系列改革任务和举措,要科学统筹、分类推进,抓好落实、主动作为。从经济体系优化升级的角度看,以下几个方面至关重要。

一是激发各类市场主体活力,这是经济体系优化升级的基础。经济体系优化升级的基础是各类市场主体的表现。第一,要深化国资国企改革,做强做优做大国有资本和国有企业。2020 年底召开的中央经济工作会议进一步强调,要深入实施国企改革三年行动。中央全面深化改革委员会第十六次会议指出,推进国有经济布局优化和结构调整,对更好服务国家战略目标、更好适应高质量发展、构建新发展格局具有重要意义。要坚持问题导向,针对当前国有经济布局结构存在的问题,以深化供给侧结构性改革为主线,坚持有所为有所不为,聚焦战略安全、产业引领、国计民生、公共服务等功能,调整存量结构,优化增量投向,不断增强国有经济竞争力、创新力、控制力、影响力、抗风险能力。第二,健全管资本为主的国有资产监管体制,深化国有资本投资、运营公司改革。推进能源、铁路、电信、公用事业等行业竞争性环节市场化改革。第三,优化民营经济发展环境,构建亲清政商关系,促进非公有制经济健康发展和非公有制经济健康成长,依法平等保护民营企业产权和企业家权益,破除制约民营企业发展的各种壁垒,完善促进中小微企业和个体工商户发展的法律环境和政策体系。弘扬企业家精神,加快建设世界一流企业。第四,注重激发基层的改革创新活力。基层是改革创新的源头活水,要支持开展差别化创新。地方抓落实要深刻领会党中央战略意图,既找准定位,又突出特色,有条件的地区要奋力走在前列。

二是完善宏观经济治理,这是经济体系优化升级的有力支撑。

推动经济体系优化升级,离不开有效的宏观经济治理。要健全以国家发展规划为战略导向,以财政政策和货币政策为主要手段,就业、产业、投资、消费、环保、区域等政策紧密配合,目标优化、分工合理、高效协同的宏观经济治理体系。要完善宏观经济政策制定和执行机制,重视预期管理,提高调控的科学性。加强国际宏观经济政策协调,搞好跨周期政策设计,提高逆周期调节能力,促进经济总量平衡、结构优化、内外均衡。加强宏观经济治理数据库等建设,提升大数据等现代技术手段辅助治理能力。推进统计现代化改革。

三是建立现代财税金融体制,这是经济体系优化升级的重要条件。财政、金融是经济体系优化升级的重要调节手段。要加强财政资源统筹,加强中期财政规划管理,增强国家重大战略任务财力保障。深化预算管理制度改革,强化对预算编制的宏观指导。推进财政支出标准化,强化预算约束和绩效管理。明确中央和地方政府事权与支出责任,健全省以下财政体制,增强基层公共服务保障能力。完善现代税收制度,健全地方税、直接税体系,优化税制结构,适当提高直接税比重,深化税收征管制度改革。健全政府债务管理制度。建设现代中央银行制度,完善货币供应调控机制,稳妥推进数字货币研发,健全市场化利率形成和传导机制。构建金融有效支持实体经济的体制机制,提升金融科技水平,增强金融普惠性。深化国有商业银行改革,支持中小银行和农村信用社持续健康发展,改革优化政策性金融。全面实行股票发行注册制,建立常态化退市机制,提高直接融资比重。推进金融双向开放。完善现代金融监管体系,提高金融监管透明度和法治化水平,完善存款保险制度,健全金融风险预防、预警、处置、问责制度体系,对违法违规行为零容忍。

　　四是建设高标准市场体系，这是经济体系优化升级的关键。经济体系优化升级，要充分发挥市场机制的决定性作用。要健全市场体系基础制度，坚持平等准入、公正监管、开放有序、诚信守法，形成高效规范、公平竞争的国内统一市场。实施高标准市场体系建设行动。健全产权执法司法保护制度。实施统一的市场准入负面清单制度。继续放宽准入限制。健全公平竞争审查机制，加强反垄断和反不正当竞争执法司法，提升市场综合监管能力。深化土地管理制度改革。推进土地、劳动力、资本、技术、数据等要素市场化改革。健全要素市场运行机制，完善要素交易规则和服务体系。中央全面深化改革委员会第十六次会议指出，建设高标准市场体系，要坚持社会主义市场经济改革方向。围绕夯实市场体系基础制度、推进要素资源高效配置、改善提升市场环境和质量、实施高水平市场开放、完善现代化市场监管机制等重点任务，畅通市场循环，疏通堵点，努力实现市场准入畅通、开放有序、竞争充分、秩序规范，为构建新发展格局提供有力的制度支撑。

　　五是加快转变政府职能，这是经济体系优化升级的保障。促进经济体系优化升级，必须更好地发挥政府作用。要建设职责明确、依法行政的政府治理体系。深化简政放权、放管结合、优化服务改革，全面实行政府权责清单制度。持续优化市场化法治化国际化营商环境。实施涉企经营许可事项清单管理，加强事中事后监管，对新产业新业态实行包容审慎监管。健全重大政策事前评估和事后评价制度，畅通参与政策制定的渠道，提高决策科学化、民主化、法治化水平。推进政务服务标准化、规范化、便利化，深化政务公开。深化行业协会、商会和中介机构改革。中央全面深化改革委员会第十六次会议强调，改革推进到今天，在改革顶层设计方面，我们已经有了比较清晰的大盘子。今后一个时期，要将主要精力集中到整体推进、督促落实上，以落实"十四五"时期重大发展战略任务为牵引，多策划战略战役性改革，抓纲带目。

（三）优化升级必须靠开放催动

构建新发展格局下的经济体系优化升级，不可能是仅仅局限于国内市场的单循环，必须是以开放型为依托并统筹国内国际市场的双循环。

一是建设更高水平开放型经济新体制。要全面提高对外开放水平，推动贸易和投资自由化便利化，推进贸易创新发展，增强对外贸易综合竞争力。健全外商投资准入前国民待遇加负面清单管理制度，有序扩大服务业对外开放，依法保护外资企业合法权益，营造市场化、法治化、国际化、便利化、数字化的营商环境。健全促进和保障境外投资的法律、政策和服务体系，坚定维护中国企业海外合法权益，实现高质量引进来和高水平走出去。完善自由贸易试验区布局，赋予其更大改革自主权，稳步推进海南自由贸易港建设，建设对外开放新高地。稳慎推进人民币国际化，坚持市场驱动和企业自主选择，营造以人民币自由使用为基础的新型互利合作关系。发挥好中国国际进口博览会等重要展会平台作用。

二是推动共建"一带一路"高质量发展。要继续坚持共商共建共享原则，秉持绿色、开放、廉洁理念，深化务实合作，加强安全保障，促进共同发展。推进基础设施互联互通，拓展第三方市场合作。构筑互利共赢的产业链供应链合作体系，深化国际产能合作，扩大双向贸易和投资。坚持以企业为主体,以市场为导向,遵循国际惯例和债务可持续原则,健全多元化投融资体系。推进战略、规划、机制对接,加强政策、规则、标准联通。深化公共卫生、数字经济、绿色发展、科技教育合作,促进人文交流。

三是积极参与全球经济治理体系改革。坚持平等协商、互利共赢,推动二十国集团等发挥国际经济合作功能。维护多边贸易体制,积极参与世界贸易组织改革,推动完善更加公正合理的全球经济治理体系。积极参与多双边区域投资贸易合作机制,推动新兴领域经济治理规则制定,提高参与国际金融治理能力。实施自由贸易区提升战略,构建面向全球的高标准自由贸易区网络。在 2020 年 11 月 15 日 15 个亚太国家签署区域全面经济伙伴关系协定(RCEP)的基础上,争取早日签署中欧投资协定。2020 年 11 月 20 日晚,习近平主席在北京以视频方式出席亚太经合组织第二十七次领导人非正式会议时表示,中国将积极考虑加入全面与进步跨太平洋伙伴关系协定(CPTPP)。

三、推动经济体系优化升级的紧迫任务是加快要素市场化配置

完善要素市场化配置是解决我国经济结构性矛盾、推动高质量发展的根本途径,也是经济体系优化升级的紧迫任务。要素配置的扭曲具有很强的传导性和扩散性,由此造成一系列经济结构性矛盾和问题。加快要素市场化改革是深化供给侧结构性改革、解决制约

全局深层次矛盾的重要突破口,对于转变发展方式、调整经济结构、转换增长动力、促进经济体系优化升级具有重要意义。要形成科技创新、现代金融、人力资源等现代生产要素从低质低效领域向优质高效领域流动的机制,提高要素质量和配置效率,引导各类要素协同向先进生产力集聚,推动经济发展质量变革、效率变革、动力变革。共同支撑实体经济发展,形成协同发展的产业体系。

(一) 土地要素市场化配置是推动经济体系优化升级的基础

一是全面推开农村土地征收制度改革。建立健全城乡统一的建设用地市场,实现农村集体经营性建设用地与国有土地同等入市、同价同权。

二是要充分运用市场机制盘活存量土地和低效用地。研究完善促进盘活存量建设用地的税费制度。以多种方式推进国有企业存量用地盘活利用。推动建设用地资源向中心城市和重点城市群倾斜。鼓励盘活低效存量建设用地,控制人均城市建设用地面积。修改土地管理法实施条例并完善配套制度。

三是深化农村宅基地制度改革试点。2020 年 6 月 30 日,中央全面深化改革委员会第十四次会议审议通过了《深化农村宅基地制度改革试点方案》,方案强调,要积极探索落实宅基地集体所有权、保障宅基地农户资格权和农民房屋财产权、适度放活宅基地和农民房屋使用权的具体路径和办法,坚决守住土地公有制性质不改变、耕地红线不突破、农民利益不受损这三条底线,实现好、维护好、发展好农民权益。

四是要改革土地计划管理制度。2020 年 4 月 9 日,国家发改委印发的《2020 年新型城镇化建设和城乡融合发展重点任务》提出,改革建设用地计划管理方式。探索建立全国性的建设用地、补充耕地指标跨区域交易机制。

五是灵活产业用地方式。探索增加混合产业用地供给,还将灵活土地计划指标管理,城乡建设用地供应指标使用应更多由省级政府负责,探索建立全国性的建设用地、补充耕地指标跨区域交易机制。

(二) 劳动力要素合理畅通有序流动是推动经济体系优化升级的前提

一是农业转移人口市民化。针对农业转移人口受到户籍制度和公共服务供给不均等的制约,难以实现市民化的问题,要切实放开放宽除个别超大城市外的城市落户限制,尽快建立起城镇教育、就业、创业、医疗卫生等基本公共服务与常住人口挂钩机制等。

二是劳动力要素市场化配置。要重点突破户籍、所有制等身份差异对劳动力要素自由流动、市场化配置的制度障碍,着力引导劳动力要素合理畅通有序流动,畅通落户渠道。要推动在长三角、珠三角等城市群率先实现户籍准入年限同城化累计互认的探索。

三是放开户口限制。放开放宽除个别超大城市外的城市落户限制。试行以经常居住地登记户口制度,在城市群内探索户口通迁、居住证互认制度,建立城镇教育、就业创业、医疗卫生等基本公共服务与常住人口挂钩机制。

四是畅通职称评审渠道。完善职称评审制度,以职业能力为核心制定职业标准，畅通非公有制经济组织、社会组织、自由职业专业技术人员职称申报渠道，推进社会化职称评审。试行以经常居住地登记户口制度。

（三）资本要素市场化配置是推动经济体系优化升级的保障

一是放开金融服务业市场准入。针对金融资源主要流向国有大中型企业，中小企业融资难、融资贵等问题，增加服务小微和民营企业的金融服务供给，构建多层次、广覆盖、有差异、大中小合理分工的银行机构体系。

二是资本要素市场化。要加快建立规范、透明、开放、有活力、有韧性的资本市场，推动以信息披露为核心的股票发行注册制改革，完善强制退市和主动退市制度。股市要形成基础性制度，也就是以注册制为核心的企业在发行、上市、定价、交易、监管等方面形成制度。

三是加快发展债券市场。探索实行公司信用类债券发行注册管理制，推动资本向创造价值的优质企业流动，完善金融支持创新政策。实现金融和实体经济良性循环，推动公司债和企业债两个市场统一，推动银行的基准利率和存贷利率统一。

（四）加快发展技术要素市场是推动经济体系优化升级的关键

一是完善技术产权制度。重点是健全职务特别是体制内职务科技成果产权制度，激活产权激励，深化科技成果使用权、处置权和收益权改革，开展赋予科研人员职务科技成果所有权或长期使用权试点。培育发展技术转移机构和技术经理人,完善科技创新资源配置方式,促进技术要素与资本要素融合发展。

二是激活中介服务活力。培养一批技术转移机构和技术经理人,积极推进科研院所分类改革,加快推进应用技术类科研院所市场化、企业化发展。建立国家技术转移人才培养体系。

三是继续探索国际科技合作新模式。坚持扩大科技领域对外开放。在科学技术发展日新月异的当今世界,科技创新既靠自立自强,更离不开及时吸收借鉴国际上先进科学技术。

(五)加快培育数据要素市场是推动经济体系优化升级的导向

在数字经济时代,数据发挥着重要作用,在新冠肺炎疫情防控中,数字化不仅起到了重要的支持作用,而且催生了一些线上经济新模式、新业态。无论是信息服务中的算法推送,还是智慧城市建设中的大数据分析,抑或智能制造领域的智能优化,都离不开数据的提取、存储、转移和分析。因此,经济体系优化升级,必须加快数字化转型。

一是建立数据资源清单管理机制。完善数据权属界定和交易流通的标准和措施,探索建立统一的数据标准规范、支持构建多领域数据开发利用场景,全面提升数据要素价值。

二是推进政府数据开放共享。目前,我国政府数据开放共享政策已初步形成。2016 年 9 月,国务院发布的《政务信息资源共享管理暂行办法》明确提出政务信息资源应"以共享为原则,不共享为例外"。不少部门推出了具有行业特性的数据开放和共享政策,取得了较好的效果，但政府数据开放机制建设仍有较大进步空间，需要进一步加大数据开放共享工作力度。

三是加快数据资源整合。探索打通政府数据和民间数据之间的互通渠道，提高数据资源使用效率。

四是依法保护个人信息。数据共享发展的同时要求必须高度关注对个人信息的保护。要用法律法规规范数据共享行为，强化对个人信息权利的保护。

（六）要素价格市场化是推动经济体系优化升级的核心

有效的价格机制是市场机制发挥决定性作用的核心。健全要素市场化配置体制机制，最重要的是完成由"定价格"向"定规则"的转变，加快要素价格市场化改革，健全要素市场运行机制。

一是加快要素价格市场化改革。推动政府定价机制由制定具体价格水平向制定定价规则转变，加强要素价格管理和监督。构建要素价格公示和动态监测预警体系，逐步建立要素价格调查和信息发布制度。健全生产要素由市场评价贡献、按贡献决定报酬的机制，全面贯彻落实以增加知识价值为导向的收入分配政策。

二是健全要素市场运行机制。健全要素市场化交易平台，推动要素配置依据市场规则、市场价格、市场竞争实现效益最大化和效率最优化。完善要素交易规则和服务，提升要素交易监管水平，增强要素应急配置能力。把要素的应急管理和配置作为国家应急管理体系建设的重要内容，建立对相关生产要素的紧急调拨、采购等制度。

三是强化反垄断和防止资本无序扩张。这也是 2020 年中央经济工作会议的重要指示精神。反垄断、反不正当竞争，是完善社会主义市场经济体制、推动高质量发展的内在要求。在继续支持平台企业创新发展、增强国际竞争力的同时，要依法予以规范，健全数字规则。要完善平台企业垄断认定、数据收集使用管理、消费者权益保护等方面的法律法规。要加强规制，有效监管，坚决反对垄断和不正当竞争。金融创新必须在审慎监管的前提下进行。

2020年12月14日，国家市场监管总局发布通告，根据反垄断法规定，对阿里巴巴投资收购银泰商业（集团）有限公司股权、阅文集团收购新丽传媒控股有限公司股权、丰巢收购中邮智递科技有限公司股权等三起违法收购案各罚款50万元。罚金虽然不多，但意义非同寻常，这表明，资本可以扩张，但不能野蛮粗暴，必须有序合法合规。

（本文原为作者2020年12月20日在中国改革（2020）年会暨新发展阶段地方改革推进高层研讨会上的演讲，收入时略有改动）

深化改革与区域经济
发展的守正与创新

　　党的十八大以来,我国区域发展协调性显著增强,重大区域发展战略高质量推进,区域协调发展呈现新格局。站在"两个一百年"奋斗目标的历史交汇点上,面对世界百年未有之大变局,面对经济发展空间结构正在发生的深刻变化,面对新发展理念高质量发展要求,区域协调发展该考虑什么、准备什么、做些什么? 这是摆在我们面前不容回避的必答题。"十四五"规划和 2035 年远景目标纲要指出,要深入实施区域重大战略、区域协调发展战略、主体功能区战略,健全区域协调发展体制机制,构建高质量的区域经济布局和国土空间支撑体系。下面从区域经济发展的守正与创新角度谈谈看法。

一、区域经济发展守正是基础

　　所谓守正,就是坚持和巩固。党的十八大以来,我国区域协调发展取得了一系列历史性成就。我们要毫不含糊地坚持和巩固这一战略。这是区域协调发展新格局的四梁八柱,是"承重墙",不能动,动了可能会出大问题。守正的内容包括哪些呢?

实施区域协调发展战略是习近平新时代中国特色社会主义思想的重要组成部分,是贯彻新发展理念、建设现代化经济体系的重要内容,是党中央在新时代针对区域协调发展新特征作出的重大战略部署。区域协调发展是党的十六届三中全会提出的"五个统筹"主要内容之一,党的十六届五中、六中全会也进一步予以阐述。党的十八大以来,以习近平同志为核心的党中央提出了创新、协调、绿色、开放、共享的新发展理念,推进了京津冀协同发展、长江经济带发展等引领区域发展的重大战略。党的十九大报告明确指出,要实施区域协调发展战略,并将其纳入国家坚定实施的七大战略之中。2018年11月,《中共中央　国务院关于建立更加有效的区域协调发展新机制的意见》发布,意味着我国进入了实施区域协调发展战略的新阶段。

新时代的区域发展:从空间格局看,已形成京津冀协同发展、长江经济带发展、长三角一体化发展、粤港澳大湾区建设、黄河流域生态保护和高质量发展五大战略构筑成的基本格局。从补短板角度看,要加大力度支持革命老区、民族地区、边疆地区、欠发达地区加快发展。从发展板块看,强化举措推进西部大开发形成新格局,深化改革加快东北等老工业基地振兴,发挥优势推动中部地区崛起,创新引领率先实现东部地区优化发展,建立更加有效的区域协调发展新机制。从城镇作用看,以城市群为主体构建大中小城市和小城镇协调发展的城镇格局,加快农业转移人口市民化。从内容丰富性看,将支持资源型地区经济转型发展、加快边疆发展、坚持陆海统筹、加快建设海洋强国等内容纳入,从而进一步丰富了区域协调发展战略的内涵,逐步形成了多层次的区域发展战略体系。

党的十八大以来,实施区域协调发展战略,已经取得重要进展和明显成效。对于实践证明是正确的东西,必须坚持和巩固。

二、区域经济发展创新是根本

所谓创新,就是需要完善和发展的地方。就是在不动"承重墙"的情况下,根据形势与任务、目标与要求、需要与可能进行与时俱进的"装修"。非"承重墙"能打则打,能改则改,实在不行,可考虑根据需要和可能,搞点"加建"。当然了,"加建"部分不仅要与整体设计和整体风格协调,还要符合"物业管理条例"。总之,要善于找到腾挪的空间。创新,也即完善和发展的内容有哪些呢?

要坚持问题导向,主要问题是什么呢?是发展的不平衡不充分,具体讲就是分化。随着我国经济发展进入新常态,区域发展也出现了新趋势新变化。2013年以来,依靠创新驱动的东部沿海地区继续保持了较为稳定的增长,表现出了更强的韧劲和惯性,而主要依赖投资拉动、资源驱动的部分内陆省份则经历了一轮较大幅度的经济下滑,在南北方之间、四大板块之间、四大板块内部都出现了较为明显的分化现象。2018年,区域分化格局进一步发展,低速增长省份在北方蔓延扩大,东部整体增速也出现下行,同时各板块内部的分化也在加深。

首先,南北分化。从2013年开始,南方省份的总体增长速度开始超过北方，一直持续至今并且差距不断扩大，呈现出经济增长"南快北慢"和经济总量占比"南升北降"的分化格局。

其次，四大板块分化。既有板块之间的分化，也存在板块内部的分化，这使得目前区域分化状况更加复杂。东北陷入低速增长，西部速度领先优势弱化，东部增速放缓，中部增速维持较高水平。

再次，国家重点战略区域之间出现分化。我国经济进入新常态以来，京津冀、长江经济带、粤港澳大湾区等国家重点战略区域间也出现了增长分化。京津冀增速放缓，长江经济带和粤港澳大湾区增速平稳。

最后，"胡焕庸线"①两侧分化明显。"胡焕庸线"西北半壁增速下滑压力增大。"胡焕庸线"西北半壁增速曾有过连续10年超过东南半壁，增长势头强劲，但2017年开始低于东南半壁。就经济比重讲，东南半壁略有上升，西北半壁略有下降。

要解决上述分化问题，从政策角度看，需要进一步梳理并完善现行分类管理的差别化区域政策，提高区域政策的互动性、互补性、协调性。

一是梳理并完善经济功能区优惠政策。改革开放以来，国家先后设立了一大批不同类型的经济功能区，从早期的经济特区、沿海经济开放区、经济技术开发区等，到随后的保税港区、综合配套改革试验区、自主创新示范区、自由贸易试验区、自由贸易港等，国家在赋予其明确的功能定位基础上，均给予了相应的优惠政策。这些优惠政策的确发挥过重要作用，但随着形势任务的变化，应该也必须进行梳

---

① 胡焕庸线，即中国地理学家胡焕庸（1901—1998年）在1935年提出的划分我国人口密度的对比线，最初称"瑷珲—腾冲一线"，后因地名变迁，先后改称"爱辉—腾冲一线""黑河—腾冲线"。

理，及时推进废、改、立。

二是梳理并完善主体功能区调控政策。2005 年以来，国家大力推进主体功能区规划建设。2010 年 12 月，国务院印发了《全国主体功能区规划》，按照资源环境承载能力、现有开发密度和发展潜力，将国土空间划分为优化开发、重点开发、限制开发和禁止开发四类主体功能区，以规范空间开发秩序，优化空间结构，促进人与自然和谐发展。要根据规划的执行落实情况及新情况、新问题，对不同类型主体功能区主体功能定位、发展导向，以及财政、投资、人口、环境等方面的分类政策等进行梳理，发现问题、分析原因、予以整改，特别是要实事求是、因地制宜、差异施策、扬长避短、优化发展。适合干什么就干什么，不搞整齐划一的"一刀切"。

三是梳理并完善针对特殊类型区的援助政策。特殊类型地区是全面建设社会主义现代化国家的突出短板，是区域发展不平衡不充分的集中体现。但同时也是区域协调发展、国家生态安全、能源资源安全、边疆稳定、民族团结进步的重要支撑。推动特殊类型区高质量发展，客观上需要完善相关政策，从差别化转向精准化，从面上覆盖转向点上发力，从依托大区域板块转向小区域范围，从行政区划线转向跨区整合，从以地理单元施策转向以经济单元扶持，增强政策的精准性和有效性。

三、区域经济发展必须以改革开放为动力

守正，坚持和巩固则可。创新，完善什么、发展什么，怎么完善、

怎么发展,则需要认真研究。

(一) 加大改革力度,推动区域发展发生"化学反应"

改革改什么? 当然是改革依然制约或不利于区域协调发展的体制机制,构建区域协调发展新机制。党的十九大报告指出,要建立更加有效的区域协调发展新机制。促进区域协调发展,增强区域发展的协同性、联动性、整体性,关键在深化改革和体制机制创新。

一是健全市场一体化发展机制。党的十九届五中全会审议通过的《中共中央关于制定国民经济和社会发展第十四个五年规划和二〇三五年远景目标的建议》强调,要全面深化改革,构建高水平社会主义市场经济体制。必须坚决清理废除妨碍统一市场和公平竞争的各种规定和做法,清除各种显性和隐性的市场壁垒,促进生产要素价格市场决定、跨区域自主有序流动,高效公平配置。加快建立各区域间统一开放、竞争有序的市场体系。

二是深化区域合作机制。2019 年 8 月 26 日,习近平总书记在中央财经委员会第五次会议上发表的重要讲话中强调,要研究推动形成优势互补高质量发展的区域经济布局问题、提升产业基础能力和产业链水平问题。要根据各地区的条件,走合理分工、优化发展的路子,落实主体功能区战略,完善空间治理,形成优势互补、高质量发展的区域经济布局。

三是创新区域互助机制。完善对口支援制度,创新帮扶方式,加强教育、科技、人才等帮扶力度,增强被帮扶地区自身发展"造血功能",促进对口支援从单方受益为主向双方受益转化。要在省级统筹基础上加快养老保险全国统筹进度,在全国范围内实现制度统一和区域间互助共济。

四是建立健全区际补偿机制。要完善能源消费总量和强度双控制度，全面建立生态补偿制度，健全区际利益补偿机制和纵向生态补偿机制。

此外，要改革土地管理制度，增强土地管理灵活性，使优势地区有更大发展空间。要完善财政转移支付制度，对重点生态功能区、农产品主产区、边境地区等提供有效转移支付。

（二）进一步扩大开放，推动区域发展增强联动效应

2019 年 11 月 5 日，习近平主席在第二届中国国际进口博览会开幕式上的主旨演讲中指出，中国将继续推动京津冀协同发展、长江经济带发展、长三角区域一体化发展、粤港澳大湾区建设，并将制定黄河流域生态保护和高质量发展新的国家战略，增强开放联动效应。

党的十九大报告指出，要以"一带一路"建设为重点，坚持引进来和走出去并重，遵循共商共建共享原则，加强创新能力开放合作，形成陆海内外联动、东西双向互济的开放格局。

党的十九届五中全会提出，全面深化改革，构建高水平社会主义市场经济体制。坚持实施更大范围、更宽领域、更深层次对外开放。

首先，区域发展要与更大范围的开放联动，在区域上优化对外开放的空间布局，既要加快自贸试验区、自由贸易港等对外开放高地建设，又要推进各区域面上整体开放。其次，要与更宽领域的开放联动，就是要根据不同区域的特点大幅放宽市场准入，包括在更多领域允许外资控股或独资经营等。最后，要与更深层次的开放联动，就是要推动贸易和投资自由化便利化，包括健全外商投资准入前国民待

遇加负面清单管理等制度。

要将西北、东北的发展与丝绸之路经济带建设密切联系,将东南沿海发展与 21 世纪海上丝绸之路建设密切联系。在中新(重庆)战略性互联互通示范项目的基础上,加强国际陆海贸易新通道建设,提升我国西部地区与东南亚地区的互联互通水平。此外,要加快沿边开放。

(三) 更加重视共享,推动区域发展产生"连锁感应"

区域协调发展的最终目标,就是通过解决区域发展不平衡不充分问题,增进各区域人民福祉,满足各区域人民日益增长的美好生活需要,促进人的全面发展。正像党的十九届五中全会指出的:要尽力而为、量力而行,健全基本公共服务体系。我们要注重加强普惠性、基础性、兜底性民生建设,保障群众基本生活。要高度重视区域发展的公平性,不仅要考虑区域整体的经济社会质量提升,更要注重提升人民群众的获得感、幸福感、安全感,让各区域的人民群众共享发展成果。

(本文原为作者 2019 年 11 月 16 日在中国区域经济学会年会上的主题演讲,收入时略有改动)

深化改革推动城市治理现代化

城市是人类文明进步的象征,既是人类文明进步的产物,又是人类文明进步的重要推动力。城市治理是推进国家治理体系和治理能力现代化的重要内容。"十四五"规划和 2035 年远景目标纲要,提出了"提升城市群功能""提高中心城市综合承载能力和资源优化配置能力""推进市域社会治理现代化"的目标和任务。下面就推动城市治理现代化谈几点意见。

一、城市治理,首要任务是根治"城市病"

"城市病"有哪些呢? 一些城市尤其是大城市出现的人口膨胀、交通拥挤、住房困难、环境恶化、资源紧张、物价过高等"症状",如:大气污染、水污染、垃圾污染、地面沉降、噪声污染;水资源短缺、能源紧张;人口膨胀、交通拥挤、住宅短缺、土地紧张;等等。这些问题严重阻碍了城市所具有的社会、经济和环境功能的正常发挥,甚至给居民的生活质量和身心健康带来危害,使城市建设与城市发展处于失衡和无序状态,造成资源的巨大浪费、居民生活质量下降和经济发展成本提高,在一定程度上阻碍了城市的可持续发展。城市病几乎是所有国家城市化过程中曾经或正在面临的问题。

城市治理现代化,必须面对并花大力气正视和解决这些问题。解决的办法集中起来,可概括为 4 个词、8 个字:改革、开放、创新与共享。

二、全面深化改革,推动城市治理发生"化学反应"

2019 年 11 月 26 日召开的中央全面深化改革委员会第十一次会议,进一步明确了全面深化改革的主轴和主线。强调推动各项改革向制度更加成熟更加定型靠拢,让各项改革相得益彰、发生化学反应。所谓"化学反应"就是系统集成、协同高效。守正即坚持与巩固,不动并加固"四梁八柱""承重墙"。革新即完善发展,不破坏、不影响主体结构的革故鼎新。能破则破、能改则改、能"加建"则建。打造效率城市、协调城市、有序城市、集约城市。

(一) 效率城市

效率城市就是充满创造力、竞争力、推动力的城市。集中体现在经济社会发展效率上,包括人力资源利用效率、科技发明和成果利用效率、资本利用效率、土地利用效率、交通通勤效率、公共服务提供效率、社区管理效率等,就是有活力的高质量发展的城市。

（二）协调城市

城市治理现代化无疑是要实现经济、环境与社会协同发展、可持续发展。城市治理要理顺经济发展、社会发展和资源环境保护的关系。对城市经济发展、社会发展和资源环境保护的发展设置可为与不可为边界，使城市经济发展、社会发展和资源环境保护三者相互协调。

（三）有序城市

城市治理某种程度上讲，就是理顺关系。主要理顺城市运行、管理和服务之间的关系，让城市有规则、按规则运行，对违规行为依法处置。要厘清规则、职责边界，管理方式科学文明，服务意识浓厚等。使城市各环节、各方面有条不紊运行。

（四）集约城市

城市治理十分棘手的难题，是解决城市扩张的"摊大饼"无序蔓延问题。必须科学划定城市开发边界，推动城市发展由外延扩张式向内涵提升式转变，使城市成为"肌肉型"紧凑城市，而不是"虚胖型"粗放城市。

三、全面扩大开放，增强城市治理"联动效应"

城市治理必须全面开放，是对内对外的全方位开放，是增强各项开放举措产生"联动效应"的更大规模、更宽领域、更深层次的开放。通过"联动效应"使城市成为包容城市、国际城市、人文城市、畅通城市。

（一）包容城市

开放的城市必然是包容的城市,指的是外来人不仅可获得经济物质条件的满足感,还能迅速融入当地文化,融入当地生活圈子,安居立业,获得深层次满足感。城市的包容性既反映了城市对来自不同地域、不同语言、不同文化背景、不同价值观的人群的接纳程度,也反映了城市满足居民日益增长的美好生活需要的程度,更反映了不同群体、特别是特殊群体能够分享城市发展成果的程度。

（二）国际城市

城市国际化不仅是指城市发展为有国际化因素并具有国际影响力的大或特大城市,而且包括建设有国际视野、与国际接轨、面向国际开放的中小城市。要强化城市特别是特大城市运用国内国外两个市场配置资源的功能,在世界范围内配置资金、信息、技术、人才、数字、物流等要素资源,以积极参与、融入"一带一路"建设为抓手,加快提高国际化程度。

（三）人文城市

一个高质量发展的城市,除了有高速发展的经济、完善的基础设施、领先的科学技术等之外,还必须有深厚的文化内涵,能保护和传承历史文化。习近平总书记指出,文化是城市的灵魂。城市历史文化遗存是前人智慧的积淀,是城市内涵、品质、特色的重要标志。要像对待"老人"一样尊重和善待城市中的老建筑,保留城市历史文化记忆,让人们记得住历史、记得住乡愁,坚定文化自信,增强家国情怀。

（四）畅通城市

城市"畅通"不仅是指交通畅通,更是指体制机制运行的畅通,人与人交往的畅通,信息、物流传输的畅通,等等。要大刀阔斧破除影响畅通的体制机制障碍,消除阻碍各类生产要素畅通流动的壁垒。

四、全面加强创新,激发城市治理"传导呼应"

新发展理念中,创新摆在第一位,创新是引领发展的第一动力。抓创新就是抓发展,谋创新就是谋未来。2019 年 11 月 22 日,习近平主席在会见出席 2019 年"创新经济论坛"外方代表时指出,创新是当今时代的重大命题。创新成果应惠及全球,而不应成为埋在山洞里的宝藏。

所谓城市治理"传导呼应",就是各类城市治理要素通过创新相互呼应、传导互动,从而实现创新驱动,也即推动以科技创新为核心的全面创新,坚持需求导向和产业化方向,坚持企业在创新中的主体地位,发挥市场在资源配置中的决定性作用和中国特色社会主义制度优势,增强经济增长的科技含量,形成新的增长动力源泉,推动城市发展为信息城市、数字城市、智慧城市、低碳城市。

（一）信息城市

建设信息城市对城市治理现代化至关重要。建设信息城市的核心是信息产业的发展。包括大力发展信息基础设施,提高全民的信息化水平,加快电子政务建设力度,推进企业信息化及电子商务,高度重视信息产业的发展,等等。

（二）数字城市

数字城市的基础是信息城市,但又不同于信息城市。建设数字城市会大大提升城市治理水平。包括加强数字信息基础设施的规划与建设,提高"数字覆盖率"、"数字分辨率"、"数字传输速率"和"数字鸿沟差异率"。要高度重视基础数据库建设,充分采集城市发展各类信息。充分发挥数字政府作用。建设全方位、多等级和虚拟化的电子商务系统。数字城市会使城市的自然资本、货币资本、人力资本、生产资本、社会资本和政治资本更加优化配置。

（三）智慧城市

智慧城市需要更高治理水平,包括通过物联网基础设施、云计算基础设施、地理空间基础设施等新一代信息技术以及社交网络、综合集成法、网动全媒体融合通信终端等工具和方法的应用,在城市实现全面透彻的感知、宽带泛在的互联、智能融合的应用以及以用户创新、开放创新、大众创新、协同创新为特征的可持续创新。通过价值创造,实现以人为本的经济、社会、环境的全面可持续发展,实现信息化、工业化与城镇化深度融合。

（四）低碳城市

建设低碳城市已成为世界各国的共同追求,很多国际大都市以建设发展低碳城市为荣,关注和重视在经济发展过程中的代价最小化以及人与自然和谐相处。低碳城市已开始成为城市品牌的新高标。建设低碳城市的举措包括开发低碳新能源,实现清洁生产、绿色规划、绿色建筑、循环利用,等等,实现可持续发展。

五、全面推进共享,形成治理成效"连锁感应"

习近平总书记指出,城市是人民的城市,人民城市为人民。无论是城市规划还是城市建设,无论是新城区建设还是老城区改造,都要坚持以人民为中心,聚焦人民群众的需求,合理安排生产、生活、生态空间,走内涵式、集约型、绿色化的高质量发展路子,努力创造宜业、宜居、宜乐、宜游的良好环境,让人民有更多获得感,为人民创造更加幸福的美好生活。所谓"连锁感应"就是综合的、整体的、相互之间有感应的治理成果的有机共享。通过"连锁感应"形成平安城市、生态城市、健康城市、和谐城市。

（一）平安城市

城市治理首要任务是解决好城市社会治安和社会公共安全问题。这种治理是一个特大型、综合性非常强的管理系统,涉及治安管理、城市管理、交通管理、应急指挥等需求,而且还涉及灾难事故预警处置、安全生产监控处置等诸多方面。概括来讲,就是通过三防系统(技防系统、物防系统、人防系统)建设,保障城市居民的安全。

(二) 生态城市

城市是以人为主体的生态系统,是一个由社会、经济和自然三个子系统构成的复合生态系统。一个符合生态规律的生态城市应该是结构合理、功能高效、关系协调的城市生态系统。这里所谓结构合理是指适度的人口密度、合理的土地利用、良好的环境质量、充足的绿地系统、完善的基础设施、有效的自然保护;功能高效是指资源的优化配置、物力的经济投入、人力的充分发挥、物流的畅通有序、信息流的快速便捷;关系协调是指人与自然协调、社会关系协调、城乡协调、资源利用和资源更新协调、环境胁迫和环境承载力协调。

(三) 健康城市

城市治理,要从城市规划、建设到管理各个方面都充分满足居民对健康的基本需求,保障广大居民健康地生活和工作,包括保证居民生理和心理的健康,还包括饮水安全、食品安全、药品安全、垃圾分类处理、空气质量、疾病预防诊疗等。建设健康城市的主要任务有:创建有利于健康的支持性环境,提高居民的生活质量,满足居民基本的公共卫生需求,提高卫生服务的可及性等。

(四) 和谐城市

构建和谐城市,就是解决城市发展存在的不平衡不充分突出问题:一是推动空间或区域和谐,在城市公共空间规划建设、社区治理和服务等方面体现和谐。二是推动社会经济和谐,要解决城市内部发展不均衡的问题,如不同居民的收入、教育、医疗以及其他基本公共服务的不均衡等。三是推动人与自然、人与环境和谐,解决居民生活环境和工作环境与自然环境不协调等问题。

总之,城市治理是推进国家治理体系和治理能力现代化的重要内容。城市居民的衣食住行、教育就业、医疗养老、文化体育、生活环境、社会秩序等方面都体现着城市的治理水平和治理质量。我们应努力提高城市治理现代化水平,用最管用的机制、最先进的技术、最有效的手段,推动治理机制现代化、治理手段智慧化、治理方式法治化,实现系统治理、依法治理、综合治理、源头治理,营造国际一流的营商环境、法治环境、政务环境,不但要实现城市高质量发展,更让城市居民得到实实在在的好处,提升他们的获得感、幸福感和安全感,实现人民群众对美好生活的向往。

（本文原为作者 2019 年 11 月 30 日在 2019 中国城市大会上的主题演讲,收入时略有改动）

多措并举推进数据要素市场化改革

　　2020 年 4 月 9 日,《中共中央、国务院关于构建更加完善的要素市场化配置体制机制的意见》印发。在这份文件中,首次将数据与土地、劳动力、资本、技术等传统要素相并列,指出了 5 个要素领域的改革方向,明确了完善要素市场化配置的具体措施。数据要素市场化配置上升为国家政策,大数据作为推动经济高质量发展新动能之一备受关注。其实,党的十九届四中全会审议通过的《中共中央关于坚持和完善中国特色社会主义制度、推进国家治理体系和治理能力现代化若干重大问题的决定》已首次将数据增列为生产要素。2020 年 5 月 18 日发布的《中共中央、国务院关于新时代加快完善社会主义市场经济体制的意见》再次强调要加快培育发展数据要素市场,建立数据资源清单管理机制。将数据与传统的土地、劳动力、资本、技术等要素并列,并加快市场化配置。把数据要素列为要素市场化配置的重要内容之一,培育和发展数据要素市场,对释放数据红利、推动我国经济高质量发展具有重要意义。

一、数据生产要素属性的提升,关系着经济增长的长期动力,关系着我国发展的未来

(一) 数据这一新型要素对其他传统要素的效率具有倍增作用

数据作为要素,区别于传统要素的突出特点是,数据对其他要素资源具有乘数效应,可以放大劳动力、资本等要素的价值,加速数字经济催生的新业态、新模式和新优势的产生和发展。数字经济和实体经济融合发展,可推动制造业加速数字化、网络化、智能化。同时,大数据运用可提升国家治理现代化水平,如推行电子政务、建设智慧城市,构建全国信息资源共享体系等。利用大数据平台,还可分析经济社会发展面临的风险因素,提高感知、预测、防范能力,对"黑天鹅""灰犀牛"预作防范。此外,数据要素也是新基建的重要内容。开展5G、工业互联网、数据中心等新一代数字信息基础设施建设,为数据要素市场提供基础设施和数据资源,带来智能化应用的发展、新业态新模式的产生,这一切都以数据为基础。从这个意义上讲,可以说数据为王。

(二) 数据是新一轮国际竞争的重要战略资源

正因为大数据的重要性,当代世界各国都把推进经济数字化作为国家战略,在前沿技术研发、数据开放共享、隐私安全保护、人才培养等方面花费了大量心血,投入巨大精力。

二、要发挥好数据要素的作用,使其真正成为新动能,关键是市场化配置

有效推进数据要素的市场化配置,要不断优化营商环境,尤其是健全统一开放、竞争有序的数据要素交易市场,完善数据流动交换共享规则,探索开展数据审计、数据保险等新型业务。具体讲:

一是培育竞争主体,做大做强数据企业。通过强有力的政策,支持数据领域的创业创新,打造一大批具有国际竞争力的优秀数据服务企业,加快形成数据应用服务产业。让企业通过技术创新、人才培养和市场竞争,提高对政府数据和各类社会数据(公权机构数据、法人私有数据和开源网络数据)的融合分析能力,为全社会提供高质量的数据应用服务,加快数据资产化进程,充分实现数据在经济社会发展中的资源价值。

二是有力保护竞争。鼓励开放共享,坚决反对垄断,推动数据资源市场化。现在大量数据掌握在一些政府部门、运营商及大型互联网公司手中,市场机制的作用还远远没有发挥出来。要通过市场化体制机制改革,让这些资源能够充分共享。要发挥行业协会商会作用,制定数据确权定价和流动交易的标准、规范和共识,推动多方安全计算、可信执行环境等数据隐私保护新技术新标准的应用,着力破除数据自由流动障碍瓶颈。

三是强化法律保障。建立健全相应法规和配套措施,通过立法保障数据确权、开放共享、自由流动、隐私安全等,构建数据治理监管

体系。要使数据交易合规合法,不能无序竞争。在鼓励数据共享的同时,特别要立法保护数据安全,尤其是保护个人隐私。坚决打击靠非法采集、倒卖数据营利的行为,多种举措鼓励靠挖掘数据深层价值营利的做法。

四是打造数据文化,包括数据政策宣介、数据知识普及、数据意识培育、开发数据文化产品等。

总之,大数据及其云计算、互联网开启了一个新的时代。充分发挥数据要素作用,推进数据要素配置市场化改革,将是"十四五"时期实现高质量发展的重要任务。

（本文原为作者 2020 年 6 月 14 日在"5G 时代的新基建分布式存储与边缘计算高峰论坛"上的主旨演讲,收入时略有改动）

深化体制机制改革，
推动社区服务数字化转型

我们已经进入数字化时代。数字化、数字化转型已经成为热词。数字化对经济、社会、生活的方方面面都产生了深刻影响，毫无疑问也影响到社区治理尤其是社区服务业的发展。下面围绕深化经济和社会治理体制机制改革与社区服务业的数字化转型等问题谈几点看法。

一、推进社区服务业数字化转型是加强和创新基层社会治理的重要任务

推进社区服务业数字化转型意义重大。2020 年 8 月 24 日，习近平总书记在经济社会领域专家座谈会上的讲话中强调，要加强和创新基层社会治理。社区治理是基层社会治理的重要内容，社区治理的重要任务是发展好社区服务业。社区服务业的发展质量和水平直接影响到社区治理乃至基层社会治理体系和治理能

力。加快推进社区服务业数字化转型对于社区服务业高质量发展,对于完善共建共治共享的社会治理制度,构建新发展格局具有重要意义。

推进社区服务业数字化转型是大势所趋。2020年5月13日,国家发展改革委网站发布"数字化转型伙伴行动倡议"。倡议提出,政府和社会各界联合起来,共同构建"政府引导—平台赋能—龙头引领—机构支撑—多元服务"的联合推进机制,以带动中小微企业数字化转型为重点,在更大范围、更深程度推行普惠性"上云用数赋智"服务,提升转型服务供给能力,加快打造数字化企业,构建数字化产业链,培育数字化生态,形成"数字引领、抗击疫情、携手创新、普惠共赢"的数字化生态共同体,支撑经济高质量发展。

推进社区服务业数字化转型十分紧迫。城乡社区服务连接千家万户,直接关系到社区居民的居住质量和生活舒适程度,影响着社区和谐稳定及基层社会治理成效。新冠肺炎疫情防控凸显了建立高质量社区服务体系的重要性,也暴露出当前社区服务中的一些不足,比如信息不够畅通、数据欠完整、平台待完善、服务缺抓手、政务效率尚待提高等。如何补短板、强弱项,解决问题的出路就是加快数字化转型,用数字化全面提升社区服务业的质量和水平。

推进社区服务业数字化转型对加强和完善社区治理至关重要。一是有助于社区经济发展。社区服务业数字化转型,必然改变现有的社区服务模式和服务业态,将互联网、大数据、区块链、人工智能、5G、云计算等数字技术应用到社区管理和社区服务中,不仅可以带来社区经济新业态、新模式的兴起,有效推动大众创业、万众创新,而且可以创造就业机会、拓展就业渠道,增加地方税收、弥补社区管理经费的不足。二是有助于丰富社区文化生活。社区服务数字化自然包括数字技术在社区文化活动中的广泛应用。丰富多彩的数字化文化活动不仅会大大丰富社区居民精神生活,提升社区居民生活质量和品位,而且为社区居民搭建了相互熟识、学习的平台,有利于形成"邻里一家亲"的和谐氛围。三是有助于防控公共卫生事件。社区服务数字化对于社区可能发生的疫情等公共卫生问题提供有效的监测分析、病毒溯源、防控救治、资源调配、在线诊断等多方面的服务。四是有助于美化社区生活环境。数字化技术进社区,通过视频监控、大数据分析处理等手段,有效检测监督社区环境卫生状况并予以及时处理等,能够使社区环境更美好、更宜居。

此外,推进社区服务业数字化转型还有助于便民服务、健康养老、检测和改善社区治安状况,预防发生违法犯罪现象,消除社区不稳定因素等。

二、推进社区服务业数字化转型必须深化体制机制改革

推进社区服务业数字化转型,必须深化社区服务业体制机制改革。改什么,怎么改?当然是要改革不适合数字化转型的社区服务业管理模式和管理办法,充分发挥市场在社区服务业数字化转型中配置资源的决定性作用,并更好地发挥政府作用。也就是我们通常所说的市场化改革。

社区服务业以市场化为方向的改革转型,关键是处理好政府和

市场的关系,发挥市场的决定性作用,这是基本定位。

2020 年 4 月和 5 月,《中共中央、国务院关于构建更加完善的要素市场化配置体制机制的意见》和《中共中央、国务院关于新时代加快完善社会主义市场经济体制的意见》先后发布,进一步明确强调要坚持社会主义市场经济改革方向,更加尊重市场经济一般规律,最大限度减少政府对市场资源的直接配置和对微观经济活动的直接干预,充分发挥市场在资源配置中的决定性作用。

特别是把数据这一数字化、数字化转型的基础和核心内容作为与土地、劳动力、资本、技术等传统要素相并列的要素,作为要素市场化配置的内容之一。数据市场化配置是理论和政策上的一个重大突破,为社区服务业以市场为导向的数字化转型提供了基本遵循。

当然,需要更好地发挥政府作用。政府作用主要体现在保障市场更好地发挥决定性作用并弥补市场作用的不足,包括制订规划、政策指导、搭建平台、支持研发、法治保障等。

特别是在社区管理上必须加大"放管服"改革力度。该放的必须放,把资源配置权力尽可能放给市场,由市场决定。不放就不会活,不活不仅数字化转型很难进行,社区服务业发展也会步履维艰。该管的一定要管好,而不是管死。重在用制度、用数字化手段发挥有效监督作用。该服务的一定要服务好,为市场和市场主体提供良好有序的法治化营商环境。

社区服务业数字化转型的市场化改革,必须体现新发展理念。

一是通过改革使数字化转型有效推动社区服务业创新发展。数字化转型必须用创新开路,包括服务理念创新、服务模式创新、服务平台创新、服务方式方法创新等一系列创新,应该是系统的、综合的、全面的创新,而不仅仅是某一环节、某一方面的单一的创新。如果没有创新,互联网、大数据、人工智能、区块链这些新技术就不可能在社区服务业中有效应用。

二是通过改革使数字化转型有力推动社区服务业协调发展。数字化转型必须有利于社区服务业的协调发展,有利于社区管理和社区治理的协调。包括社区居民与物业管理的协调,居民与居民之间的协调,居民与环境绿化、卫生、安全的协调,等等。

三是通过改革使数字化转型持续推动社区服务业绿色发展。数字化转型必须有利于打造绿色社区。这个绿色不仅仅包括节能、绿化、整洁,还包括无污染、治安良好、社区氛围风清气正等。

四是通过改革使数字化转型不断推动社区服务业开放发展。数字化转型必须有利于社区的对外开放。一个安全、舒适、宜居的社区一定不能封闭,而必须是全方位的开放。这个开放不是指拆了院墙、围栏,而是深层意义上的开放。比如,信息应开放,每家每户都能及时、准确、方便地获得与社区服务有关的大情小事,每个居民都能开放地表达自己对社区管理和服务的意见建议,社区服务能够开放地与外界交流与合作,等等。

五是通过改革使数字化转型能动地推动社区服务业共享发展。数字化转型不是为转型而转,本质上是为了实现社区服务和治理成果共享。因此,数字化转型只是手段,不是目的。目的是以人为本,为了满足社区居民对美好居住生活的幸福追求。

三、推进社区服务业数字化转型要发挥好行业协会等社会组织的作用

要高度重视行业协会、学会、教育和科研机构等社会组织在社区服务业数字化转型中的重要作用。这些组织在推动体制机制创新、整合社会信息资源、培育数字经济人才、研发数字经济新技术方面具有许多独特的优势。有效发挥行业协会、学会等社会组织机构的服务和协调作用,能够为社区服务业数字化转型提供重要的推动力。

行业协会既是社区服务业数字化转型极为重要的桥梁和纽带,也是社区服务业体制机制改革的推动力。行业协会可以充分发挥自身资源优势和中介作用,促进政府部门与社区居民、企业、团体沟通交流,降低社区服务数字化转型中的制度成本、信息传递成本和协调成本等,增强社区服务业数字化转型的实施效果。

行业协会可以发挥以下重要作用:①协助政府部门贯彻落实国家关于社区服务业数字化转型及其体制机制改革的政策措施。②开展社区服务业发展状况调查研究,为政府部门和社区管理机构推进社区服务业数字化转型建言献策。③协调政府部门、社区、居民、企业和社会团体的关系,在社区服务业数字化转型中推动和谐、宜居社区建设。④开展社区服务业数字化转型及其改革成效的第三方评估,用客观公正的评估报告供政府部门和社区管理机构做好相关工作参考。⑤参与组织开展有意义、健康的社区服务业数字化转型公益活动。⑥开展社区服务业数字化转型相关培训活动,通过组织数

字技术相关专业课程培训,为数字化转型培育人才。此外,还可以提供相关咨询服务、搭建交流平台、推动社区合作等。

要卓有成效地推进社区服务业的数字化转型,必须充分发挥行业协会、学会的作用,加大社区管理体制机制改革的力度,也需要行业协会、学会等社会组织之间加强交流合作。

(本文原为作者 2020 年 8 月 29 日在"社区服务业数字化转型及趋势研讨会"上的主旨演讲,收入时略有改动)

以改革创新推动数字经济发展

人类已经进入数字化时代。随着信息技术和人类生产生活交汇融合，互联网迅速普及，全球数据呈现爆发增长、海量集聚的特点，对经济发展、国家和社会治理、人民生活都产生了重大影响。世界各国都把推进经济数字化作为实现创新发展的重要动能，在前沿技术研发、数据开放共享、隐私安全保护、人才培养等方面做了前瞻性布局。世界经济数字化转型已成为大势所趋。数字化开始进入经济社会生活的方方面面。在我国，数字化、数字经济、数字化转型也已经迈出坚实步伐，迫切需要通过体制机制创新，进一步推动数字经济快速健康发展。

一、推动数字经济快速健康发展是中央决策部署和国家大政方针

（一）党和国家高度重视数字经济发展

习近平总书记多次指出，要加快数字经济发展，2020 年 4 月 1

日,他在浙江考察时再次强调,要善于化危为机,抓住产业数字化、数字产业化赋予的机遇,抓紧布局数字经济。

关于大数据,习近平总书记指出,大数据发展日新月异,我们应该审时度势、精心谋划、超前布局、力争主动,深入了解大数据发展现状和趋势及其对经济社会发展的影响,分析我国大数据发展取得的成绩和存在的问题,推动实施国家大数据战略,加快完善数字基础设施,推进数据资源整合和开放共享,保障数据安全,加快建设数字中国,更好服务我国经济社会发展和人民生活改善。

关于人工智能,习近平总书记指出,人工智能是新一轮科技革命和产业变革的重要驱动力量,加快发展新一代人工智能是事关我国能否抓住新一轮科技革命和产业变革机遇的战略问题。要深刻认识加快发展新一代人工智能的重大意义,加强领导,做好规划,明确任务,夯实基础,促进其同经济社会发展深度融合,推动我国新一代人工智能健康发展。

关于区块链,习近平总书记指出,区块链技术的集成应用在新的技术革新和产业变革中起着重要作用。我们要把区块链作为核心技术自主创新的重要突破口,明确主攻方向,加大投入力度,着力攻克一批关键核心技术,加快推动区块链技术和产业创新发展。

关于量子科技,习近平总书记指出,当今世界正经历百年未有之大变局,科技创新是其中一个关键变量。我们要于危机中育先机、于变局中开新局,必须向科技创新要答案。要充分认识推动量子科技发展的重要性和紧迫性,加强量子科技发展战略谋划和系统布局,把握大趋势,下好先手棋。

《求是》2021年第6期发表了习近平总书记的重要文章《努力成

为世界主要科学中心和创新高地》，这是习近平总书记 2018 年 5 月28 日在中国科学院第十九次院士大会、中国工程院第十四次院士大会上讲话的一部分。在这篇文章中，习近平总书记指出，我国广大科技工作者要把握大势、抢占先机，直面问题、迎难而上，瞄准世界科技前沿，引领科技发展方向，肩负起历史赋予的重任，勇做新时代科技创新的排头兵。

《中共中央关于制定国民经济和社会发展第十四个五年规划和二〇三五年远景目标的建议》（以下简称《建议》）强调要加快数字化发展。

《建议》中提出，发展数字经济，推进数字产业化和产业数字化，推动数字经济和实体经济深度融合，打造具有国际竞争力的数字产业集群。加强数字社会、数字政府建设，提升公共服务、社会治理等数字化智能化水平。建立数据资源产权、交易流通、跨境传输和安全保护等基础制度和标准规范，推动数据资源开发利用。扩大基础公共信息数据有序开放，建设国家数据统一共享开放平台。保障国家数据安全，加强个人信息保护。提升全民数字技能，实现信息服务全覆盖。积极参与数字领域国际规则和标准制定。

《中华人民共和国国民经济和社会发展第十四个五年规划和2035 年远景目标纲要》中，将"加快数字化发展，建设数字中国"作为第五篇，独立成篇。第五篇分 4 章专门讲数字化和数字经济问题。其中，第十五章分 3 节讲打造数字经济新优势；第十六章分 3 节讲加快数字社会建设步伐；第十七章分 3 节讲提高数字政府建设水平；第十八章分 4 节讲营造良好数字生态。

截至 2021 年 7 月底，第十九届中央政治局集体学习已经有 32

次,其中有 4 次与数字经济有关。2017 年 12 月 8 日第 2 次学习内容是"实施国家大数据战略,加快建设数字中国";2018 年 10 月 31 日第 9 次学习内容是"人工智能发展现状和趋势";2019 年 10 月 24 日第 18 次学习内容是"区块链技术发展现状和趋势";2020 年 10 月 16 日第 24 次学习内容是"量子科技研究和应用前景"。

(二) 加快数字经济发展是构建新发展格局的重要内容

2021 年 7 月 9 日召开的中央全面深化改革委员会第二十次会议指出,党中央作出加快构建新发展格局决策部署以来,各地区各部门积极探索、主动作为,在加快科技自立自强等方面做了大量工作,开局是好的。同时,也面临不少需要抓紧解决和克服的突出问题。

大力发展数字经济,加快产业数字化、数字产业化,关键是把科技自立自强、自主创新作为突破口。只有在数字经济发展上占领制高点,才能把握未来发展的主动权,有利于在各种可以预见和难以预见的惊涛骇浪中增强生存力、竞争力、发展力、持续力。发展数字经济,需要保持顽强的斗志和战略定力,要组织攻坚战,坚持持久战,把发展数字经济纳入构建新发展格局中,坚持问题导向,突出针对性和可操作性,切实增强自觉性和精准性,选取真正的重点堵点难点集中攻关,打好攻坚战和组合拳,以重点突破带动引领数字经济的高质量发展。

二、数字经济已成为经济社会变革的重要引擎

数字经济成为各方关注的重要话题之一。2021 年 3 月 5 日,李

克强总理在《政府工作报告》中提出,要加快数字化发展,打造数字经济新优势,协同推进数字产业化和产业数字化转型,加快数字社会建设步伐,提高数字政府建设水平,营造良好数字生态,建设数字中国。

数字技术及数字经济已成为百年未有之大变局的显著特征。人工智能、大数据、云计算、量子科技、生物技术等新一代信息技术的爆炸式发展带来的科技革命,及由此引发的产业大变革,正在迅速改变世界,重塑增长和发展的版图。如果说由新技术所带来的科技革命代表的是数字经济时代的先进生产力,那么,由智能手机、智能汽车等智能产品所带来的数据驱动、软件定义、平台支撑、智能主导、价值共创的产业变革,则正在塑造数字经济时代的主要生产方式。

数字经济已成为推动经济增长、引领全球经济社会变革的重要引擎。2019 年,全球数字经济规模达到 31.8 万亿美元,占全球经济总量比重已经达到 41.5%;在经合组织(OECD)36 个成员国的商业研发投入中,用于数字经济研发投入占比 33%,很多国家用于研发数字经济的投入已经超过了本国 GDP 的 0.5%。我国数字经济规模已位居全球第二。据国家网信办 2020 年 9 月发布的《数字中国建设发展进程报告(2019 年)》数据,2019 年我国数字经济增加值规模达到 35.8 万亿元,占 GDP 的比重约为 36.2%,对 GDP 增长的贡献率为 67.7%;大数据产业保持高速增长,2019 年产业规模超过 8100 亿元,同比增长 32%;数字经济结构持续优化升级,产业数字化增加值占数字经济比重达 80.2%,从业人员约 2 亿;网民规模世界第一;我国已成为世界上最大的电子商务市场。

防控新冠肺炎疫情彰显了数字经济的生命力。疫情发生后,广大中小微企业受到较大冲击,面临较大压力。与此同时,一些企业以抗击疫情为契机积极推进数字化转型,大数据、人工智能、云计算、工业互联网等数字科技在应对疫情、复工复产中大显身手,从流动人员健康监测,到疫情态势分析,再到机器人配送和红外人体温度快速筛检仪等,不但快速刷新了人们对数字经济的认识,而且对企业复工复产、减少经营损失、降低运营成本、缓解裁员压力、提升管理效能发挥了极为重要的作用。一段时间以来,线上配售、线上教育、视频会议、远程办公等以云运行、云服务为特征的新业态、新模式不断涌现,不仅保障了社会生产生活的正常运行,也大大丰富了数字经济的应用场景,有力地推动了大数据、人工智能、物联网、区块链等技术创新和产业化应用,有效对冲了经济下行压力。2020 年,中国经济增长在世界上一枝独秀,达到 2.3%,数字经济功不可没。

数据要素市场化配置已开始成为数字经济发展的强大动能。如果说农业经济和工业经济以土地、劳动力、资本为关键生产要素,数字经济则以数据为关键生产要素。党的十九届四中全会审议通过的《中共中央关于坚持和完善中国特色社会主义制度、推进国家治理体系和治理能力现代化若干重大问题的决定》首次增列数据作为生产要素,党的十九届五中全会进一步提出推进数据要素市场化改革,加快数字化发展。这为我国数字经济发展指明了方向、注入了动力。

数字经济发展必须加强数据基础设施建设。我国已推出一系列前瞻性的数字基础设施建设政策,特别是网络强国战略的全面实施,成功地将我国超大规模市场和人口红利转化为数据红利,探索出适合新兴市场发展环境、不同于西方发达国家的数字经济发展模式。这为构建以国内大循环为主体、国内国际双循环相互促进的新发展格局奠定了坚实基础。

产业数字化转型已成为共识并开始行动。2020 年 5 月 13 日，国家发展改革委网站发布"数字化转型伙伴行动"倡议（以下简称"倡议"）。倡议提出，政府和社会各界联合起来，共同构建"政府引导—平台赋能—龙头引领—机构支撑—多元服务"的联合推进机制，以带动中小微企业数字化转型为重点，在更大范围、更深程度推行普惠性"上云用数赋智"服务，提升转型服务供给能力，加快打造数字化企业，构建数字化产业链，培育数字化生态，形成"数字引领、抗击疫情、携手创新、普惠共赢"的数字化生态共同体，支撑经济高质量发展。

三、数字经济发展面临与亟待解决的问题

数字经济发展的重点在于两个维度，一是数字产业化，一是产业数字化。在这两个方面面临的问题主要有：（1）产业链完整性有待提升。数字经济伴随消费互联网的兴起和发展，当前企业数字化改造整体呈现"偏消费端"，即"偏产业链后端"的特点，面向消费的数字化转型走得比较靠前，但是产业数字化的转型还是相对滞后，而且服务贸易还有很大的发展空间，信息技术与实体经济的融合还存在一定差距。各产业间数字化协同的适配性还有待进一步提升，数字产业链完整性还不强，畅通经济循环还存在诸多难点和痛点。（2）系统管理有待提高。企业还存在低层次重复建设。疫情加速线下活动线上化，包括直播、网红带货等，给人们生活带来了巨大的便利，但

同时很多数字经济企业自发生长也带来了无序扩张等问题。（3）数据安全还存在隐患。数据信息安全、数据过度采集或个人隐私泄露、算法歧视等问题，对数据治理提出了更高要求与能力挑战。例如近期出现的 APP 非法过度收集用户信息、互联网平台售卖用户信息致使隐私泄露等问题，都表明了数据治理中面临的风险以及建设安全文明数字治理环境的重要性和紧迫性。后疫情时代，万物互联、"全在线"已经成为数字经济时代的新常态。应该更加重视数据安全问题。（4）复合型人才较为缺乏。发展数字经济不仅需要数据科学家、数据工程师、数据分析师、算法工程师、数据产品管理者等传统技术人才，更需要跨行业、跨平台的复合型数字人才。（5）法律法规尚待进一步完善。在数据产权方面，还存在相关主体责权边界不清等现象。为此，国家要进一步加大数据治理领域的立法工作，依法保护各类数字主体的数据权益。

这些问题迫切需要通过体制改革和机制创新加以解决。

四、大力发展数字经济的关键在于体制机制改革创新

"十四五"时期是数字经济发展极为关键的时期。按照党中央决策部署，要迎接数字时代，激活数据要素潜能，推进网络强国建设，加快建设数字经济、数字社会、数字政府，以数字化转型整体驱动生产方式、生活方式和治理方式变革。大力发展数字经济，改革依然是关键一招。

（一）深化改革打造数字经济新优势

要充分发挥市场配置资源的决定性作用,利用海量数据和丰富应用场景优势,促进数字技术与实体经济深度融合,赋能传统产业转型升级,催生新产业新业态新模式,壮大经济发展新引擎。数字经济的重点产业,包括云计算、大数据、物联网、工业互联网、区块链、人工智能、虚拟现实和增强现实等。

一是加强关键数字技术创新应用。聚焦高端芯片、操作系统、人工智能关键算法、传感器等关键领域,加快推进基础理论、基础算法、装备材料等研发突破与迭代应用。加强通用处理器、云计算系统和软件核心技术一体化研发。加快布局量子计算、量子通信、神经芯片、DNA 存储等前沿技术,加强信息科学与生命科学、材料等基础学科的交叉创新,支持数字技术开源社区等创新联合体发展,完善开源知识产权和法律体系,鼓励企业开放软件源代码、硬件设计和应用服务。

二是加快推动数字产业化。培育壮大人工智能、大数据、区块链、云计算、网络安全等新兴数字产业,提升通信设备、核心电子元器件、关键软件等产业水平。构建基于 5G 的应用场景和产业生态,在智能交通、智慧物流、智慧能源、智慧医疗等重点领域开展试点示范。鼓励企业开放搜索、电商、社交等数据,发展第三方大数据服务产业。促进共享经济、平台经济健康发展。

三是推进产业数字化转型。实施"上云用数赋智"行动,推动数据赋能全产业链协同转型。在重点行业和区域建设若干国际水准的工业互联网平台和数字化转型促进中心,深化研发设计、生产制造、经营管理、市场服务等环节的数字化应用,培育发展个性定制、柔性制造等新模式,加快产业园区数字化改造。深入推进服务业数字化转型,培育众包设计、智慧物流、新零售等新增长点。加快发展智慧农业,推进农业生产经营和管理服务数字化改造。

(二) 深化改革加快数字社会建设步伐

改革目前社会管理体制机制,适应数字技术全面融入社会交往和日常生活新趋势,促进公共服务和社会运行方式创新,构筑全民畅享的数字生活。数字化应用场景包括智慧交通、智慧能源、智能制造、智慧农业及水利、智慧教育、智慧医疗、智慧文旅、智慧社区、智慧家居、智慧政务,等等。

一是提供智慧便捷的公共服务。聚焦教育、医疗、养老、抚幼、就业、文体、助残等重点领域,推动数字化服务普惠应用,持续提升群众获得感。推进学校、医院、养老院等公共服务机构资源数字化,加大开放共享和应用力度。推进线上线下公共服务共同发展、深度融合,积极发展在线课堂、互联网医院、智慧图书馆等,支持高水平公共服务机构对接基层、边远和欠发达地区,扩大优质公共服务资源辐射覆盖范围。加强智慧法院建设。鼓励社会力量参与"互联网+公共服务",创新提供服务模式和产品。

二是建设智慧城市和数字乡村。以数字化助推城乡发展和治理模式创新,全面提高运行效率和宜居度。分级分类推进新型智慧城市建设,将物联网感知设施、通信系统等纳入公共基础设施统一规划建设,推进市政公用设施、建筑等物联网应用和智能化改造。完善城市信息模型平台和运行管理服务平台,构建城市数据资源体系,推进城市数据大脑建设。探索建设数字孪生城市。加快推进数字乡村建设,构建面向农业农村的综合信息服务体系,建立涉农信息普惠服务机制,推动乡村管理服务数字化。

三是构筑美好数字生活新图景。推动购物消费、居家生活、旅游休闲、交通出行等各类场景数字化,打造智慧共享、和睦共治的新型数字生活。推进智慧社区建设,依托社区数字化平台和线下社区服务机构,建设便民惠民智慧服务圈,提供线上线下融合的社区生活服务、社区治理及公共服务、智能小区等服务。丰富数字生活体验,发展数字家庭。加强全民数字技能教育和培训,普及提升公民数字素养。加快信息无障碍建设,帮助老年人、残疾人等共享数字生活。

(三) 加快政府职能转变提高数字政府建设水平

将数字技术广泛应用于政府管理服务,推动政府治理流程再造和模式优化,不断提高决策科学性和服务效率。

一是加强公共数据开放共享。建立健全国家公共数据资源体系,确保公共数据安全,推进数据跨部门、跨层级、跨地区汇聚融合和深度利用。健全数据资源目录和责任清单制度,提升国家数据共享交换平台功能,深化国家人口、法人、空间地理等基础信息资源共享利用。扩大基础公共信息数据安全有序开放,探索将公共数据服务纳入公共服务体系,构建统一的国家公共数据开放平台和开发利用端口,优先推动企业登记监管、卫生、交通、气象等高价值数据集向社会开放。开展政府数据授权运营试点,鼓励第三方深化对公共数据的挖掘利用。

二是推动政务信息化共建共用。加大政务信息化建设统筹力度，健全政务信息化项目清单，持续深化政务信息系统整合，布局建设执政能力、依法治国、经济治理、市场监管、公共安全、生态环境等重大信息系统，提升跨部门协同治理能力。完善国家电子政务网络，集约建设政务云平台和数据中心体系，推进政务信息系统云迁移。加强政务信息化建设快速迭代，增强政务信息系统快速部署能力和弹性扩展能力。

三是提高数字化政务服务效能。全面推进政府运行方式、业务流程和服务模式数字化智能化。深化"互联网+政务服务"，提升全流程一体化在线服务平台功能。加快构建数字技术辅助政府决策机制，提高基于高频大数据精准动态监测预测预警水平。强化数字技术在公共卫生、自然灾害、事故灾难、社会安全等突发公共事件应对中的运用，全面提升预警和应急处置能力。

（四）深化改革营造良好数字生态

坚持放管并重，推动数字管理体制机制变革，促进发展与规范管理相统一，构建数字规则体系，营造开放、健康、安全的数字生态。

一是推进数据要素市场化配置。统筹数据开发利用、隐私保护和公共安全，加快建立数据资源产权、交易流通、跨境传输和安全保护等基础制度和标准规范。建立健全数据产权交易和行业自律机制，培育规范的数据交易平台和市场主体，发展数据资产评估、登记结算、交易撮合、争议仲裁等市场运营体系。加强涉及国家利益、商业秘密、个人隐私的数据保护，加快推进数据安全、个人信息保护等领域基础性立法，强化数据资源全生命周期安全保护。完善适用于大数据环境下的数据分类分级保护制度。加强数据安全评估，推动数据跨境安全有序流动。

二是构建与数字经济发展相适应的政策法规体系。健全共享经济、平台经济和新个体经济管理规范，清理不合理的行政许可、资质资格事项，支持平台企业创新发展，营造规范有序的政策环境，增强国际竞争力。依法依规加强互联网平台经济监管，明确平台企业定位和监管规则，完善垄断认定法律规范，打击垄断和不正当竞争行为。探索建立无人驾驶、在线医疗、金融科技、智能配送等监管框架，完善相关法律法规和伦理审查规则。健全数字经济统计监测体系。

三是建立健全制度规则加强网络安全保护。健全国家网络安全法律法规和制度标准，加强重要领域数据资源、重要网络和信息系统安全保障。建立健全关键信息基础设施保护体系，提升安全防护和维护政治安全能力。加强网络安全风险评估和审查。加强网络安全基础设施建设，强化跨领域网络安全信息共享和工作协同，提升网络安全威胁发现、监测预警、应急指挥、攻击溯源能力。加强网络安全关键技术研发，加快人工智能安全技术创新，提升网络安全产业综合竞争力。加强网络安全宣传教育和人才培养。

四是加大开放力度推动构建网络空间命运共同体。推进网络空间国际交流与合作，推动以联合国为主渠道、以联合国宪章为基本原则制定数字和网络空间国际规则。推动建立多边、民主、透明的全球互联网治理体系，建立更加公平合理的网络基础设施和资源治理机制。积极参与数据安全、数字货币、数字税等国际规则和数字技术标准制定。推动全球网络安全保障合作机制建设，构建保护数据要素、处置网络安全事件、打击网络犯罪的国际协调合作机制。向欠发达国家提供技术、设备、服务等数字援助，使各国共享数字时代红利。积极推进网络文化交流互鉴。

（本文原为作者 2021 年 7 月 16 日在 2021 中国云城数字经济峰会上的演讲，收入时略有改动）

深化体制机制改革，
推动碳达峰、碳中和

2021 年以来，碳达峰、碳中和成为热门话题，绿色成为热词。在构建新发展格局中加大力度推动绿色低碳发展，实现 2030 年前碳达峰、2060 年前碳中和的目标，是事关中华民族永续发展和构建人类命运共同体的重大战略决策。实现碳达峰、碳中和是一场广泛而深刻的经济社会系统性变革，涉及经济社会发展的方方面面，既是气候变化问题，也是生态建设问题，还是发展模式问题，更是体制机制问题。下面从体制机制改革创新的角度谈几点认识。

一、改革是实现碳达峰、碳中和的关键推动力

体制机制改革创新，对实现碳达峰、碳中和意义重大。改革是决定当代中国命运的关键一招，是构建新发展格局的关键一招，毫无疑问也是实现碳达峰、碳中和的关键一招。

打赢碳达峰、碳中和硬仗要靠改革。2021 年 3 月 15 日召开的

中央财经委员会第九次会议强调,实现碳达峰、碳中和是一场硬仗,也是对我们党治国理政能力的一场大考。2021 年 4 月 30 日,习近平总书记在中共中央政治局第二十九次集体学习时强调,实现碳达峰、碳中和是我国向世界作出的庄严承诺,也是一场广泛而深刻的经济社会变革,绝不是轻轻松松就能实现的。

为什么说是硬仗、大考?因为,中国作为世界第二大经济体和最大的发展中国家,目前仍处于工业化和城市化发展阶段中后期,能源总需求一定时期内还会持续增长。从碳达峰到碳中和,发达国家有60 年到 70 年的过渡期,而中国只有 30 年左右的时间。这意味着中国温室气体减排的难度和力度都要比发达国家大得多。打赢这场硬仗、通过这次大考,要做的事情很多,但改革依然是关键一招,必须发挥全面深化改革,特别是生态建设体制机制改革的关键性作用。

育新机开新局要靠改革。“十四五”时期是碳达峰的关键期、窗口期,2021 年是开局之年。实现碳达峰、碳中和不仅仅是场硬仗,还面临着极为复杂多变的内外部环境。2020 年 9 月 22 日,习近平主席在第七十五届联合国大会一般性辩论上的讲话中宣布中国的二氧化碳排放力争于 2030 年前达到峰值,努力争取 2060 年前实现碳中和。这不仅仅是推动构建人类命运共同体的责任担当,也不仅仅是实现可持续发展的慎重承诺,更是一种经过深思熟虑的胆略和魄力。我们经常说当今世界,当今世界是什么样的世界?从国际看,是百年变局与全球疫情相互交织,不确定不稳定因素增多的世界;从国内看,是正处在构建新发展格局,转变发展方式、优化经济结构、转换增长动力的攻关期,结构性、体制性、周期性问题相互交织叠加,发展不平衡不充分问题仍然十分突出。在这种形势下,作出实现碳达峰、碳中和的重大决策，面临的风险与挑战可想而知。如何规避风险、应对挑战，在危机中育新机、于变局中开新局，关键还是要从生态文明建设整体布局出发考虑问题，推动生态文明建设体制机制的改革创新。

要把握好改革的方向、目标和着力点。发挥好改革在实现碳达峰、碳中和中的关键作用，要坚定不移贯彻新发展理念，以经济社会发展全面绿色转型为引领，以能源绿色低碳发展为关键，加快形成节约资源和保护环境的产业结构、生产方式、生活方式、空间格局，坚定不移走生态优先、绿色低碳的高质量发展道路。"十四五"时期是实现碳达峰的关键期、窗口期。体制机制改革要推动落实以下一些重点任务。

一是构建清洁低碳安全高效的能源体系。控制化石能源总量，着力提高利用效能，实施可再生能源替代行动，深化电力体制改革，构建以新能源为主体的新型电力系统。

二是实施重点行业领域减污降碳行动。推进工业领域绿色制造。提升建筑领域节能标准。交通领域加快形成绿色低碳运输方式。

三是推动绿色低碳技术实现重大突破，抓紧部署低碳前沿技术研究，加快推广应用减污降碳技术。

四是建立完善绿色低碳技术评估、交易体系和科技创新服务平台。

五是完善绿色低碳政策和市场体系，完善能源"双控"制度。

六是完善有利于绿色低碳发展的财税、价格、金融、土地、政府采购等政策。

七是加快推进碳排放权交易，积极发展绿色金融、碳中和金融。

八是倡导绿色低碳生活,反对奢侈浪费,鼓励绿色出行,营造绿色低碳生活新时尚。

九是提升生态碳汇能力,强化国土空间规划和用途管控,有效发挥森林、草原、湿地、海洋、土壤、冻土的固碳作用,提升生态系统碳汇增量。

十是加强应对气候变化国际合作,推进国际规则标准制定,建设绿色丝绸之路。

从上述重点任务看,每一项任务都很重要。这也就不难理解,为什么说实现碳达峰、碳中和是一场广泛而深刻的经济社会系统性变革了。

二、改革在实现碳达峰、碳中和过程中的重要作用

深化体制机制改革是推动实现碳达峰、碳中和的关键一招,打好实现碳达峰、碳中和硬仗靠改革。改革的关键作用主要体现在处理好几个方面的关系。

(一) 处理好政府和市场的关系

正确处理政府和市场的关系,是经济体制改革需要处理好的最基本的关系,也是实现碳达峰、碳中和体制机制改革需要处理好的最重要的关系。

党的十八届三中全会提出,经济体制改革是全面深化改革的重点,核心问题是处理好政府和市场的关系,使市场在资源配置中起决

定性作用和更好发挥政府作用。党的十九届五中全会审议通过的《中共中央关于制定国民经济和社会发展第十四个五年规划和二〇三五年远景目标的建议》也强调，全面深化改革，构建高水平社会主义市场经济体制，要充分发挥市场在资源配置中的决定性作用，更好发挥政府作用，推动有效市场和有为政府更好结合。

从推动实现碳达峰、碳中和的角度，重点在于：一是激发各类市场主体节能降耗、低碳减排的活力，充分调动各类市场主体实现碳达峰、碳中和的自觉性、积极性、主动性。二是完善市场机制，加快建设全国统一的碳交易市场，根据《建设高标准市场体系行动方案》推动碳交易市场建设和健康运行。2020年12月，生态环境部发布《碳排放权交易管理办法（试行）》，并印发配套的配额分配方案和重点排放单位名单，全国碳市场第一个履约周期正式启动。2021年以来，生态环境部又陆续发布排放报、核查、登记、交易、结算等配套文件，全国碳市场启动上线交易。2021年7月，全国碳排放权交易市场正式开锣交易。我国碳市场覆盖排放量超过40亿吨，将成为全球覆盖温室气体排放量规模最大的碳市场。目前，共向首批参与交易的电力行业发放了两年的配额，电力行业年度碳排放量约40亿吨。参与首批开户的电力企业共计2225家。三是深化土地、劳动力、资本、技术和数据等要素的市场化绿色配置改革。按照实现碳达峰、碳中和要求，推动生产要素向低碳减排发展倾斜。四是完善市场准入，修订健全负面清单并动态调整时，充分体现实现碳达峰、碳中和要求。五是推动电力、制造、建筑、交通运输等重点行业绿色改革。此外，加强碳达峰、碳中和领域的反垄断和反不正当竞争执法司法，提升碳交易市场综合监管能力。

（二）处理好中央和地方的关系

处理好中央和地方的经济关系是大国经济中的一个重大问题。从实现碳达峰、碳中和的角度看，主要是如何正确处理中央和地方在低碳发展上财权与事权的划分，国家利益和地方利益、部门利益的调配，中央和地方两个积极性的调动，建立统一大市场与打破市场地域分割封锁等方面关系。集中地讲，中央主要负责顶层设计和全局性部署，地方主要结合当地实际制定具体行动方案并明确责任推动落实。

一是要加强党中央对实现碳达峰、碳中和的集中统一领导。提高实现碳达峰、碳中和治理体系和治理能力现代化水平。健全党委领导、政府主导、企业主体、社会组织和公众共同参与的环境治理体系。构建一体谋划、一体部署、一体推进、一体考核的制度机制。坚持中央和地方双向发力，强化科技和制度创新，深化能源和相关领域改革，形成有效的激励约束机制。

二是坚持全国统筹，强化顶层设计。发挥制度优势，深入推进生态文明体制机制改革，强化绿色发展法律和政策保障。完善环境保护、节能减排约束性指标管理，建立健全稳定的财政资金投入机制。全面实行排污许可制，推进排污权、用能权、用水权、碳排放权市场化交易。建立健全风险管控机制，加强风险识别和管控，处理好减污降碳和能源安全、产业链供应链安全、粮食安全、群众正常生活的关系。增强全民低碳意识、环保意识、生态意识，倡导简约适度、绿色低碳的生活方式。

2021年2月，国务院印发《关于加快建立健全绿色低碳循环发展经济体系的指导意见》，要求全方位全过程推行绿色生产、绿色流通、绿色生活、绿色消费等，统筹推进高质量发展和高水平保护，确保实现碳达峰、碳中和目标，推动我国绿色发展迈上新台阶。国家发展改革委正在与相关部门一道，抓紧编制2030年前碳排放达峰行动方案，研究制定重点行业和领域碳达峰实施方案，进一步明确碳达峰、碳中和的时间表、路线图、施工图。2020年10月，生态环境部、国家发展改革委等5部门联合印发《关于促进应对气候变化投融资的指导意见》，提出强化金融政策支持，支持和激励各类金融机构开发气候友好型的绿色金融产品。2021年4月，中国人民银行等联合发布《绿色债券支持项目目录（2021年版）》，目录删除了涉及煤炭等化石能源生产和清洁利用的项目类别。科技部多次调度《科技支撑碳达峰碳中和行动方案》编制工作，明确要求加强前沿颠覆性技术研发，围绕重点方向开展长期攻关，加强现有绿色低碳技术推广应用，支撑产业绿色化转型。

三是充分调动地方积极性推动落实。目前，围绕碳达峰、碳中和目标，各地都在出实招、见真章，快速行动。地方的碳达峰行动方案编制工作正在提速，具体措施也开始制定并落实。有的地方（如河北）加快推进无煤区建设；有的（如陕西）全面梳理排查"两高"项目，为绿色低碳高质量项目腾出发展空间；有的地方（如浙江）采取有效措施，激励企事业单位自觉节能降碳，强化金融支持碳达峰、碳中和措施，建立信贷支持绿色低碳发展的正面清单，支持省级"零碳"试点单位和低碳工业园区的低碳项目，支持高碳企业低碳化转型；北京冬奥组委近期公布多项绿色办奥、低碳环保举措，引人注目，如冬奥会冰上场馆首次使用清洁低碳的二氧化碳跨临界直冷制冰技术，利用夏奥场馆，实现"水冰转换""陆冰转换"等。各级党委和政府担负着实现碳达峰、碳中和的政治责任,应坚决做到令行禁止,确保党中央各项决策部署落地见效。根据各地实际分类施策,完善监督考核机制。要压实地方责任,各级党委和政府要扛起责任,拿出抓铁有痕、踏石留印的劲头,明确时间表、路线图、施工图,做到有目标、有措施、有检查。

(三) 处理好国内和国际的关系

实现碳达峰、碳中和,必须国内改革与对外开放有机结合。在构建新发展格局的背景下实现碳达峰、碳中和,仅有国内体制机制的改革不行,需要充分考虑并体现国内国际两个循环相互促进的要求。统筹国内国际两个大局,充分利用国际国内两个市场、两种资源。加强国际交流合作,有效统筹国内国际低碳资源,积极引进优质的碳中和技术、企业及人才。在低碳减排问题上处理好内外关系,具体来讲:

一是建设更高水平开放型经济新体制,加强碳达峰、碳中和国际交流合作。深化低碳绿色的商品、服务、资金、人才等要素流动型开放,稳步推进低碳绿色规则、规制、管理、标准等制度建设,全面提高向绿色经济转型的对外开放水平。

二是坚持低碳绿色理念和原则推动贸易以及投资自由化便利化,推进绿色贸易创新发展,增强对外贸易绿色竞争力。

三是秉持降碳减排,完善外商投资准入前国民待遇加负面清单管理制度。在扩大服务业对外开放时体现绿色,依法保护外资企业在低碳减排中的合法权益,营造市场化、法治化、国际化、便利化、数字化的绿色营商环境。

四是健全促进和保障我国境外投资的法律、政策和服务体系,坚定维护中国企业海外合法权益,实现高质量绿色节能环保技术引进来和高水平低碳绿色产品和服务走出去。

五是在自由贸易试验区建设中,增强碳达峰、碳中和的内容,赋予其推动绿色发展更大改革自主权。在海南自由贸易港建设、深圳中国特色社会主义先行示范区建设、浦东社会主义现代化建设引领区建设,乃至全国 21 个自由贸易区建设中,打造一批对外开放绿色新高地。

六是推进绿色金融国际合作。稳慎推进人民币国际化,坚持市场驱动和企业自主选择,营造以人民币自由使用为基础的新型互利合作关系。

七是发挥好中国国际进口博览会等重要展会平台作用,充分体现碳达峰、碳中和理念。

八是建设绿色丝绸之路。把碳达峰、碳中和国际合作作为共建"一带一路"高质量发展的重要内容。要继续坚持共商共建共享原则,秉持绿色、开放、廉洁理念,深化务实合作,加强安全保障,促进共同发展。

九是积极参与全球经济治理体系改革,提升和加强我国在国际舞台碳问题话语权。通过低碳绿色发展的对话、交流和合作,维护多边贸易体制,参与世界贸易组织改革,推动完善更加公正合理的全球经济治理体系。

(四) 处理好发展和减排、整体和局部、短期和中长期的关系

中央财经委员会第九次会议强调,我国力争 2030 年前实现碳达

峰,2060 年前实现碳中和,要坚定不移贯彻新发展理念,坚持系统观念,处理好发展和减排、整体和局部、短期和中长期的关系,坚定不移走生态优先、绿色低碳的高质量发展道路。

推进碳达峰、碳中和对构建新发展格局,实现高质量发展的影响是多方面的。从中长期看、整体看,对推进产业结构转型升级有正面的、积极的影响。同时,低碳减排一定时期内对经济增速会带来局部的、短期的负面冲击。因此,处理好发展和减排、整体和局部、短期和中长期的关系,也是体制机制改革的重要任务。

一是通过体制机制改革推动低碳减排与产业结构转型升级良性互动。低碳减排倒逼转型升级,推动我国电力行业、工业制造业、建筑业、交通运输业、农业等向绿色低碳转型升级,直接降低碳排放。另外,促进绿色产业、绿色经济发展,如水能、风能、太阳能等可再生能源,新能源等将会得到快速发展。

二是通过体制机制改革推动绿色产品制造和出口,打破"碳封锁"和"碳壁垒"。随着绿色技术、绿色产品、绿色供应链为特征的绿色经济全球化,低碳产品和服务的全球竞争会日益激烈,西方国家已开始考虑征收"碳贸易税",对所有不符合欧美排放标准的产品和服务在市场进入时征收"碳税"。如果我们能大幅度降低出口产品和服务的"碳"含量,提高绿色低碳产品和服务出口占总出口贸易的比重,将可以有效应对竞争,规避风险,大大增加我国在国际贸易中的优势和话语权。

三是通过体制机制改革推动能源结构清洁化转型,保障能源安全。2020 年,我国一次能源消费仍然以化石能源为主,煤炭、石油、天然气累计占能源总消耗的 84.2%(分别为 56.8%、19.3%、8.1%)。

石油、天然气对外依存度很高。因此,改革能源体制机制,大力发展非化石能源,如水能、风能、太阳能(发电装机容量占国际比重分别为 30.1%、28.4%、30.9%),2008—2018 年年均增速(分别为 6.5%、102.6%、39.5%)均超过国际平均水平(分别为 2.5%、46.7%、19.1%),将大大改善我国能源结构,减少对化石能源的依赖,增加能源安全性。

四是通过体制机制改革推动重化工高耗能产业技术改造或重组整合。我国工业中钢铁、石化、建材、水泥、有色金属等都属于高耗能高排放产业,碳排放占总排放的 80%。这些产业也是实施碳达峰、碳中和的主要矛盾点和矛盾的主要方面。在这些产业中加大低碳减排技术运用,推进绿色制造,兼并重组提升规模效益等,将大大减轻碳达峰、碳中和的压力。

五是通过体制机制改革推动绿色投资、绿色金融发展,会极大拉动经济增长。实现碳达峰、碳中和,无论能源结构调整、节能减排,还是采用新技术,都会产生巨额的投资需求。据有关机构测算,若以 2 摄氏度以内为目标导向的转型路径,2020—2050 年,能源行业需新增投资约 100 万亿元,占每年国内生产总值的 1.5%—2.0%。若以 1.5 摄氏度目标为标准,则需新增投资约 138 万亿元,会超过每年国内生产总值的 2.5%。此外,也将带来大量税收和几千万个就业岗位。

当然,局部来看,短期内对经济发展的不利影响和负面冲击也是存在的。如果低碳减排措施过激,会降低高耗能高排放产业工业增加值的增速,导致经济增速放缓甚至不同程度下滑;清洁低碳能源使用也会一定程度上推高能源价格上涨,增加企业和居民用能成本;采用节能降耗新技术会迫使企业加大投入,增加生产成本,对高耗能高排放的企业影响尤其大。生产成本增加会转移到商品和服务的价格上,拉动价格上涨。有的企业因为兼并重组会使失业率升高、增加经济困难等。但从全局和长远看,这些"阵痛"又很难避免。需要在改革步骤、力度、节奏上统筹考虑,最大限度减少负面影响和损失。

三、推进碳达峰、碳中和体制机制改革需把握的关键环节

通过碳达峰、碳中和体制机制改革,重在加强改革系统集成、解决重点难点问题,不断推出新思路新举措新办法,狠抓改革举措落地见效。具体来讲,要注重并抓好以下关键环节。

一是统筹兼顾推动改革系统集成,碳达峰、碳中和体制机制改革重在系统集成。系统集成必须坚持系统观念。

二是增强辩证思维能力解决改革重点难点问题,推动碳达峰、碳中和体制机制改革,面对各种十分复杂的利益关系,有许多矛盾需要有效解决,有许多关系需要正确处理,有许多难题需要积极破解,做到这些,离不开辩证思维。掌握辩证思维,推进碳达峰、碳中和体制机制改革,要坚持两点论和重点论相统一,立足新发展阶段,解决影响贯彻新发展理念、影响碳达峰、碳中和体制机制改革的突出问题,解决影响人民群众生产生活的突出问题,解决影响改革重点突破、纵深推进的突出问题。

三是坚持创新不断推出改革新思路新举措,创新是一个民族、一

个国家的灵魂,也是推进实现碳达峰、碳中和体制机制改革的不竭动力。实现碳达峰、碳中和需要创新意识,相应的体制机制改革也要靠创新。创新意识、创新举措、创新实践,应贯穿改革碳达峰、碳中和体制机制改革的各个方面和各个环节。

四是真抓实干推动改革举措任务落地见效,实现碳达峰、碳中和,抓落实贵在实干,不能空谈。

（本文原为作者 2021 年 6 月 6 日在四川国资国企碳达峰、碳中和主题活动上的演讲,收入时略有改动）

第二篇

扩大开放篇

2

以更高水平开放推动构建新发展格局

中国已进入贯彻新发展理念、构建新发展格局的新发展阶段。新发展格局是开放的而不是封闭的格局，是以国内大循环为主体、国内国际双循环相互促进的格局。构建新发展格局下的开放，是更高水平的对外开放，是在更大范围、更宽领域、更深层次的全面开放。

一、良好的开放态势是构建新发展格局的有力支撑

2020年以来，面对百年不遇新冠肺炎疫情等不稳定不确定因素的影响，中国对外开放非但没有止步或停滞，而是取得了可圈可点的进展和成效，呈现出总体良好的发展势头，对构建新发展格局开好头、起好步形成强有力的支撑。

（一）从外贸进出口看

据海关总署发布的数据，2020年前10个月，我国外贸呈延续增

长态势,货物贸易进出口总值 25.95 万亿元,同比增长 1.1%。贸易顺差 2.71 万亿元,同比增加 16.9%。2020 年 10 月当月,我国外贸进出口总值 2.84 万亿元,同比增长 4.6%,贸易顺差 4017.5 亿元,同比增加 34.9%。自 2020 年 6 月以来,我国外贸进出口连续 5 个月实现正增长。2020 年前 10 个月,我国机电产品出口 8.45 万亿元,同比增长 3.8%。同期,出口包括口罩在内的纺织品 9084.1 亿元,同比增长 34.8%。2020 年前 10 个月,对东盟、欧盟、美国、日本和韩国等重要贸易伙伴进出口全部实现增长。2020 年前 10 个月,我国与东盟贸易总值 3.79 万亿元,同比增长 7%;与欧盟贸易总值为 3.62 万亿元,同比增长 3.5%;中美贸易总值为 3.2 万亿元,同比增长 3.9%。

(二) 从实际使用外资看

商务部数据显示,2020 年 1—10 月,全国实际使用外资 8006.8 亿元人民币,同比增长 6.4%(折合 1150.9 亿美元,同比增长 3.9%)。2020 年 10 月当月,全国实际使用外资 818.7 亿元人民币,同比增长 18.3%(折合 118.3 亿美元,同比增长 18.4%),连续 7 个月实现同比增长,延续了稳中向好态势。分行业看,2020 年 1—10 月,服务业实际使用外资 6257.9 亿元人民币,同比增长 16.2%,占全国实际使用外资 78.2%;高技术服务业同比增长 27.8%,其中电子商务服务、专业技术服务、研发与设计服务、科技成果转化服务同比分别增长 44.3%、77.9%、82.1%、43.6%。表明中国吸引外资不仅总量在增加,而且结构在优化、质量在提升。

（三）从新设外资企业看

商务部数据显示,2020 年 1—7 月,外商在华新设企业 18838 家。其中,美国在华新设企业 860 家,韩国 849 家,新加坡 584 家,日本 415 家,英国 296 家,德国 245 家。2020 年上半年不少外资企业仍持续扩大在华投资,投资额 1 亿美元以上的外资大项目达到 320 个。据全球领先的汽车产业电子商务采购平台盖世汽车统计,2020 年上半年,至少有 19 家汽车零部件企业在华投建新的生产或研发基地,不少企业不仅将中国视为立足亚洲乃至辐射全球的制造中心,也开始将研发及测试中心设立在中国。埃克森美孚于 2020 年 4 月 22 日在粤港澳大湾区投资建设的广东惠州乙烯项目举行"云开工"仪式,这是美国企业在华独资建设的首个重大石化项目,总投资约 100 亿美元,主要建设 160 万吨/年乙烯等装置。星巴克 2020 年 3 月投资了约 1.3 亿美元在中国打造一座咖啡创新产业园,这是星巴克在美国以外最大的一项生产性投资,中国成为星巴克全球两个最大的市场之一。

（四）从外商对华投资信心看

据报道,美中贸易全国委员会 2020 年 8 月 11 日发布的 2020 年度会员调查显示,近 7 成受访美国企业对中国市场未来 5 年的商业前景感到乐观。基于对中国市场的"长期信心",87% 的受访美国企业表示不打算将生产线搬离中国。星巴克总裁、首席执行官凯文·约翰逊表示,坚定地认为跨国企业在中国高水平开放和高质量增长的新发展格局中大有可为。江森自控全球董事长、首席执行官乔治·奥利弗表示,江森自控全力支持中国的新发展格局,愿意为这样一个过程提供帮助:"今天我们在中国有 8 个制造工厂、9000 多名员工、3 个研发中心、160 个分公司和我们在中国亚太区总部,我们期待在未来能够进一步扩大我们在国内供应链的布局,提高我们在国内研发的投入。江森自控有信心在中国可持续城镇化、数字化经济和国内的创新方面参与中国的高质量发展。"

这些数据充分证明,尽管遭受新冠肺炎疫情和国际环境不确定不稳定因素的影响,但中国超大规模市场对外资的吸引力没有改变,产业配套、人力资源、基础设施等方面的综合竞争优势没有改变,对外贸易和吸引外商直接投资的基本面没有改变,外商长期在华投资经营的预期和信心没有改变。这既反映了我国经济所具有的韧性和活力,也说明我国长期坚持的全面开放政策产生了正向积极作用。这些都为我们构建以国内大循环为主体、国内国际双循环相互促进的新发展格局增强了信心并提供了有力支撑。

二、更大范围开放优化了构建新发展格局的空间布局

更高水平的开放是范围更大的开放。扩大开放范围,就是优化开放的空间布局,包括加快各类开发区、新区、自贸试验区、自贸港等开放高地建设,从而在地域分布上有利于推动形成国内国际相互促进的双循环发展格局。

在开放空间布局方面,我国改革开放 40 多年经历了一个不断完

善的过程。一是 1979 年对广东、福建两省的对外经济活动实行特殊政策和灵活措施。二是设立经济特区，1980 年将 1979 年设立的深圳等 4 个出口特区改为经济特区，1988 年将海南全省设为经济特区，2010 年设立新疆的霍尔果斯、喀什经济特区。三是开放沿海城市，1984 年开放大连等 14 个沿海港口城市。四是设立开发区，1984 年开始设立首批国家级开发区，到目前共 552 家：经济技术开发区 219 家，高新技术产业开发区 156 家，海关特殊监管区 135 家，边境/跨境经济合作区 19 家，其他类型 23 家。五是设立新区，1992 年设立上海浦东新区，目前已发展为 19 个。六是自贸试验区。随着 2020 年 9 月底北京、湖南、安徽 3 个自贸试验区的揭牌，中国自贸试验区增加到 21 个。

自贸试验区从 2013 年在上海首次设立，历经 5 次扩围，用了短短 8 年时间，从点到线，由线到面，已形成覆盖全国东西南北中、沿海成片、内陆连线的全方位布局，形成一大批可复制可推广的经验和做法，如可向全国复制推广的 260 多项制度创新成果，发布全国首张外商投资负面清单，建立首个国际贸易"单一窗口"，创立首个自由贸易账户，率先实现"证照分离"，等等。

除了自贸试验区，还打造 3 个更大力度开放的制高点。一是增设上海自贸试验区临港新片区。2019 年 8 月，国务院印发《中国（上海）自由贸易试验区临港新片区总体方案》。2020 年 11 月 12 日，在浦东开发开放 30 周年庆祝大会上，党中央提出要把浦东打造为社会主义现代化建设引领区，并将赋予浦东新区改革开放新的重大任务。二是支持深圳建设中国特色社会主义先行示范区。2019 年 8 月，《中共中央、国务院关于支持深圳建设中国特色社会主义先行示范区的意见》发布。2020 年 10 月，中央办公厅、国务院办公厅印发《深圳建设中国特色社会主义先行示范区综合改革试点实施方案（2020—2025 年）》，并发出通知，要求各地区各部门结合实际认真贯彻落实，同月，深圳经济特区建立 40 周年庆祝大会召开。三是在海南建设中国特色自由贸易港。2018 年 4 月，习近平总书记在庆祝海南建省办经济特区 30 周年大会上郑重宣布，党中央决定支持海南全岛建设自由贸易试验区，支持海南逐步探索、稳步推进中国特色自由贸易港建设。2020 年 6 月，中共中央、国务院印发《海南自由贸易港建设总体方案》并发出通知，要求各地区各部门结合实际认真贯彻落实。

对外开放与对内开放联动，实现了上述开放高地与京津冀协同发展、长江经济带发展、粤港澳大湾区建设、长三角一体化发展、黄河流域生态保护和高质量发展等国家区域发展战略的覆盖或叠加，使新发展格局建立在更加坚实的开放基础上。

开放范围的不断扩大、开放空间布局的不断优化，将释放出推动构建新发展格局的强劲动力。

三、更宽领域的开放为构建新发展格局奠定坚实基础

更高水平的开放是更宽领域的开放。更宽领域的开放意味着更加开放的市场。中国是拥有 14 亿多人口的大市场，人均国内生产总值已经突破 1 万美元，有超过 4 亿的中等收入群体，预计未来 10 年

累计商品进口额有望超过 22 万亿美元。

扩大内需是构建新发展格局的战略基点。积极培育完整内需体系，全面促进消费，将对来自世界各地更加多样化高品质的产品、技术、服务产生更多需求。中国市场潜力不断激发，也为世界各国创造更多需求，提供更广阔的市场机会，为世界经济稳定发展提供更强劲动力。可以说，中国的市场就是世界的市场、共享的市场、大家的市场。更宽领域的开放，会进一步放宽市场准入限制，更有效率地实现内外市场联通、要素资源共享。

放宽市场准入限制，不断扩大市场开放的规模和领域。从 1995 年开始，中国制定了《鼓励外商投资产业目录》。在政策上明确中国鼓励外商投资的行业、领域和区域，积极引导外资投向。到 2020 年为止，这个目录已进行过 9 次修订。2020 年的修订，既有应对疫情、稳外资的现实需要，更有推动高质量发展的长远考虑：一是聚焦促进制造业高质量发展，鼓励外商向国内存在短板的产业链、供应链投资，巩固我国产业链、供应链优势；二是聚焦提升中西部地区和东北地区承接产业转移的能力，促进东部地区一些受到成本上升因素影响的外资在我国梯度转移，促进形成高质量发展需要的区域发展布局；三是聚焦国内消费升级的需要，通过鼓励外商投资促进供给侧结构性改革，更好满足人民群众的消费需求。

这些年，我们在扩大市场开放，允许外资准入方面已经采取了许多措施。以自贸试验区外商投资准入负面清单为例，2013 年曾经长达 190 条的清单，几经"瘦身"，2020 年变成 33 条，减少了80%。越来越短的清单，折射出中国不断扩大开放领域的努力。我们稳步推动金融市场准入，有序扩大服务业对外开放，推动跨境电商等新业态新模式加快发展,培育外贸新动能。中国也将压缩《中国禁止进口限制进口技术目录》,为技术要素跨境自由流动创造良好环境。

为进一步开放市场,从 2018 年 11 月起,中国已经连续举办了三届中国国际进口博览会。第三届中国国际进口博览会参展国家和地区增多,来自 124 个国家和地区的企业参展,展览面积进一步扩大,成交额进一步提升,达到 726.2 亿美元,高于第二届,第二届也高于首届。在第三届中国国际进口博览会开幕式上的主旨演讲中,习近平主席指出,2020 年,中国实施外商投资法和相关配套法规,进一步缩减了外商投资准入负面清单,中国将继续完善公开透明的涉外法律体系,强化知识产权保护,维护外资企业合法权益,以优质服务营造更好环境。

为在更宽领域开放,我国开始设立进口贸易促进创新示范区。2020 年 11 月初,商务部、国家发展改革委、财政部等 9 部门和单位宣布我国决定设立 10 个进口贸易促进创新示范区。这 10 个进口贸易促进创新示范区覆盖东中西部和东北老工业基地,囊括海陆空港,体现了中国进口发展的动力和潜能。示范区有两大功能定位,一是贸易促进,即促进口、促产业、促消费;二是贸易创新,即政策创新、服务创新、模式创新。准备利用 3 年至 5 年时间,通过培育进口贸易促进创新示范区,推动监管制度创新、健全服务功能、使交易模式更加灵活,推动进一步降低关税和制度性成本,稳步扩大进口规模、不断优化进口结构,带动相关产业提质增效、消费水平明显提升,为构建新发展格局提供应有支撑。

四、更深层次开放为构建新发展格局提供制度保障

更深层次的开放,是建设更高水平开放型经济新体制的开放。推动商品和要素流动型开放向制度型开放转变,就是要充分发挥自由贸易试验区、自由贸易港、先行示范区、引领区等开放高地在制度创新方面的作用,与国际通行规则对接,健全促进和保障境外投资的法律、政策和服务体系,构建公正、合理、透明的国际经贸规则体系。推进贸易创新发展,增强对外贸易综合竞争力,使贸易和投资更为自由化、便利化。完善外商投资准入前国民待遇加负面清单管理制度,有序扩大服务业对外开放,依法保护外资企业合法权益,坚定维护中国企业海外合法权益,对凡是愿意同我们合作的国家、地区和企业,都要积极开展合作。从而以高质量引进来和高水平走出去推动实现国内国际相互促进的双循环。

更深层次开放,是优化营商环境的开放。中国一直致力于打造国际一流的营商环境。2020 年 10 月 16 日,国家发展改革委发布我国营商环境评价领域的首部国家报告《中国营商环境报告 2020》,披露了我国营商环境改革的最新进展,显示我国优化营商环境各项工作取得积极成效:2019 年,外资准入负面清单和自由贸易试验区外资准入负面清单条目分别减至 40 条和 37 条;市场准入负面清单事项数量由 151 项减至 131 项。2019 年全年全国减税降费 2.36 万亿元,取消证明事项超过 13000 项。2019 年,全国信用信息共享平台

联通 46 个部门、所有省区市,归集各类信用信息超过 500 亿条,基本构建起以信用为基础的新型监管制度。为进一步改善营商环境,2020 年正式实施的外商投资法及其实施细则,从法律法规层面给外商在华利益提供了有力保障,并确立了与国际接轨的基本制度。有关部门严格执行外商投资法及配套法规,清理与外商投资法不符的行政法规、部门规章、规范性文件,确保内外资企业一视同仁、公平竞争。营造良好营商环境一直在路上,针对制约开放的突出矛盾,中国正在不断完善市场化、法治化、国际化、便利化、数字化的政策措施,完善投资促进和保护、信息报告等制度,完善知识产权保护法律体系等。

更深层次开放,是继续推进共建"一带一路"高质量发展的开放。共建"一带一路"地域范围已由亚欧地区延伸至非洲、拉美、南太、西欧等;国别范围由发展中国家扩展到发达国家,如意大利等。截至 2020 年 11 月,已有 138 个国家和 31 个国际组织与中国签署了 201 份共建"一带一路"合作文件。2020 年前三季度,我国与沿线国家贸易进出口总额 9634.2 亿美元,对沿线国家非金融类直接投资达 130.2 亿美元,同比增长 29.7%。2020 年中欧班列开行 1.24 万列、发送 113.5 万标箱,同比分别增长 50%、56%,年度开行数量首次突破 1 万列,单月开行均稳定在 1000 列以上,成为助力"一带一路"沿线各国抗疫的"钢铁驼队"。①

更深层次开放共建"一带一路",需要坚持共商共建共享原则,

---

① 数据显示,截至 2021 年 8 月,中欧班列累计开行 10030 列,发送集装箱 9614 万标箱,同比分别增长 32%、40%,往返综合重箱率达 97.9%,较上年提前 2 个月实现年度开行过万列。

秉持开放、绿色、廉洁理念,深化务实合作,加强安全保障,促进共同发展。推进基础设施互联互通,拓展第三方市场合作。构筑互利共赢的产业链供应链合作体系,深化国际产能合作,扩大双向贸易和投资。坚持以企业为主体,以市场为导向,遵循国际惯例和债务可持续原则,健全多元化投融资体系。推进战略、规划、机制对接,加强政策、规则、标准联通。深化基础设施、产业、经贸、科技创新、公共卫生、数字经济、绿色发展、科技教育合作,促进人文交流。同各国不断深化公共卫生、人文等领域务实合作,把"一带一路"打造成合作之路、健康之路、复苏之路、增长之路,为推动世界共同发展、构建人类命运共同体贡献力量。

更深层次开放是继续深化多双边合作的开放。我国自 2001 年 12 月加入世界贸易组织以来,一直加强国际多双边经贸合作,支持和参与世界贸易组织的必要改革,增强多边贸易体制的权威性和有效性。2020 年 11 月 15 日签署生效的《区域全面经济伙伴关系协定》(RCEP)将加速东亚经济一体化进程,15 个成员在亚太地区将深度融合,区域贸易规模有望进一步扩大,需求将进一步释放。RCEP 将为我国外贸及相关企业创造公平、透明、稳定、可预期的政策环境。RCEP 成员相互实施关税减让、开放市场准入、取消影响贸易的壁垒、简化海关通关程序等,将进一步降低 RCEP 区域内的贸易成本,推进贸易便利化,对于区域各国贸易投资增长具有积极的促进作用。各成员整体上相互削减约 90% 税目商品的关税,将激发区域各国贸易投资增长的潜力。更深层次开放需要同更多国家商签高标准自由贸易协定,积极参与多双边区域投资贸易合作机制,打造更高水平的开放型经济。

五、以开放促改革为构建新发展格局提供强大动力

开放与改革相互促进、相辅相成,是我国现代化建设不断取得新成就的重要法宝,也是改革开放 40 多年的宝贵经验。改革开放以来,正是因为坚持改革与开放相互促进,通过改革激活国内市场,通过开放融入国际市场,统筹国内国际两个市场、两种资源,中国才出现了发展奇迹。我国已成为世界第二大经济体、制造业第一大国、货物贸易第一大国、商品消费第二大国、外资流入第二大国、外汇储备第一大国。构建新发展格局,仍然必须把更高水平开放和更深层次改革有机结合,才能产生扩大国内需求、培育完整内需体系,依托强大国内市场,贯通生产、分配、流通、消费各环节,畅通国内大循环,促进国内国际双循环的强大动力。

以开放促改革,要聚焦系统集成、协同高效。党的十八届三中全会提出,到 2020 年,要在重要领域和关键环节改革上取得决定性成果。这些年,全面深化改革从夯基垒台、立柱架梁,到全面推进、积厚成势,再到系统集成、协同高效,在新起点上实现了新突破。构建新发展格局,迫切需要从国内国际双循环相互促进的角度,深刻认识全面深化改革的阶段性新特点新任务,提高改革的战略性、前瞻性、针对性,聚焦高水平开放的重点问题,统筹考虑运用改革思维和改革办法,加强改革举措的系统集成、协同高效,解决构建新发展格局面临的新情况新问题,打通制约构建新发展格局的淤点堵点。加快推进

有利于扩大国内需求、培育完整内需体系、全面促进消费的改革,有利于提高市场化资源配置效率的改革,有利于提高发展质量和效益的改革,有利于调动各方面积极性的改革。

以开放促改革,构建新发展格局,要构建高水平社会主义市场经济体制。坚持和完善社会主义基本经济制度,充分发挥市场在资源配置中的决定性作用,更好发挥政府作用,推动有效市场和有为政府更好结合。一是充分激发各类市场主体构建新发展格局的活力。加快国有经济布局优化和结构调整,发挥国有经济战略支撑作用。毫不动摇鼓励、支持、引导非公有制经济发展,优化民营经济发展环境,破除制约民营企业发展的各种壁垒。二是建设高标准市场体系。健全市场体系基础制度,坚持平等准入、公正监管、开放有序、诚信守法,形成高效规范、公平竞争的国内统一市场。实施统一的市场准入负面清单制度,继续放宽准入限制。深化土地管理制度改革。推进土地、劳动力、资本、技术、数据等要素市场化改革,健全要素市场运行机制,完善要素交易规则和服务体系。三是深化简政放权、放管结合、优化服务改革,加快转变政府职能。持续优化市场化法治化国际化营商环境。提高政府决策科学化、民主化、法治化水平。推进政务服务标准化、规范化、便利化,深化政务公开。

以开放促改革,构建新发展格局,必须深刻认识新征程、新发展阶段,以及全面深化改革开放的新情况、新特点、新问题、新要求,继续坚持贯彻新发展理念,继续坚持稳中求进工作总基调,继续以高质量发展为主题,继续以供给侧结构性改革为主线,以改革创新为根本动力,以满足人民日益增长的美好生活需要为根本目的,统筹发展和安全,加快建设现代化经济体系,深化科技创新、制度创新、业态和模式创新,加快提升开放质量,稳定产业链供应链,培育开放新动能,优化开放发展环境,打造国际竞争新优势,使国内市场和国际市场实现更顺畅的互联互通。真正能在更高起点、更高层次、更高目标上构建好新发展格局。

（本文原为作者 2020 年 11 月 21 日在 2020 年"读懂中国"国际会议（广州）以及 2020 年 11 月、12 月在其他场合的演讲,收入时略有改动）

实行更高水平开放，
促进更深层次改革

　　开放是基本国策，改革是关键一招。对外开放是国家繁荣发展的必由之路。改革是决定当代中国命运的关键一招。当前，新冠肺炎疫情全球大流行使百年未有之大变局加速演进，我国发展面临许多前所未有的挑战。构建新发展格局，必须推动更深层次改革，实行更高水平开放。

　　以开放促改革、促发展，是我国现代化建设不断取得新成就的重要法宝，也是改革开放 40 多年的宝贵经验。通过更高水平开放促进更深层次改革，是推动国内经济高质量发展、打造国际合作和竞争新优势的强大动力。

　　以开放促改革，就是要通过更大范围、更宽领域、更深层次的开放倒逼改革，推动改革的系统集成、协同高效，推动用好用足改革这个关键的一招，使得改革拿出更大的勇气、更多的举措破除深层次体制机制障碍，坚持和完善中国特色社会主义制度，推进国家治理体系和治理能力现代化。

　　开放要促进改革的守正创新、开拓创新，解放思想、大胆探索。

要坚持和完善社会主义基本经济制度,使市场在资源配置中真正起到决定性作用,更好发挥政府作用,营造长期稳定可预期的制度环境。要加强产权和知识产权保护,建设高标准市场体系,完善公平竞争制度,激发市场主体发展活力。开放促改革,重点是以下几方面。

一、继续扩大市场开放必须深化改革

中国市场规模大,但扩大市场开放,必须深化体制机制改革。现有的不少法规、政策需要根据扩大市场开放的要求加快"废改立"的步伐。比如通过改革进一步降低关税和制度性成本,培育一批有竞争力的进出口贸易企业和产业,扩大对各国高质量产品和服务的进出口。

二、继续完善开放格局必须深化改革

实行高水平贸易和投资自由化便利化政策,推动形成陆海内外联动、东西双向互济的开放格局,必须深化外贸和进出口体制机制改革。自由贸易试验区、海南自由贸易港建设离不开体制机制的创新,推动京津冀协同发展、长江经济带发展、长三角一体化发展、粤港澳大湾区建设、黄河流域生态保护和高质量发展等国家战略的实施同样需要深化区域发展体制机制改革。对凡是愿意同我们合作的国家、地区和企业,积极开展合作,形成全方位、多层次、多元化的开放合作格局,没有强有力的改革举措不行。

三、继续优化营商环境必须深化改革

扩大开放,必须具有良好的营商环境。营造良好的营商环境,必须针对制约开放的突出矛盾,在关键环节和重要领域加快改革步伐,以国家治理体系和治理能力现代化为高水平开放提供制度保障。要深化政府"放管服"改革,不断完善市场化、法治化、国际化的政策措施,放宽外资市场准入,继续缩减负面清单,完善投资促进和保护、信息报告等制度,完善知识产权保护法律体系等。

四、继续深化多双边合作必须深化改革

支持和参与世界贸易组织的必要改革,增强多边贸易体制的权威性和有效性,需要我们加大制度开放的力度。制度开放涉及一系列的改革。应同更多国家商签高标准自由贸易协定,加快中日韩自由贸易协定、中国—海合会自由贸易协定谈判进程等都需要深化相关体制机制的改革。

五、继续推进共建"一带一路"必须深化改革

　　共建"一带一路"是形成全面开放新格局的重点。推动共建"一带一路"高质量发展,秉持共商共建共享原则,坚持开放、绿色、廉洁理念,把高标准、惠民生、可持续作为目标。共商共建共享必须建立在制度开放的基础之上。开放、绿色、廉洁必须有相应的体制机制作保障。高标准、惠民生、可持续同样离不开一定的体制机制改革。因此,深化"一带一路"建设必须深化改革。

　　开放带来生机和活力,开放催生改革联动效应。过去40多年中国经济持续快速发展的一个重要动力就是对外开放,以开放促改革。改革开放以来,正是因为坚持对外开放基本国策,打开国门搞建设,不断以开放促改革,我们才实现了从封闭半封闭到全方位开放的伟大历史转折、体制机制由相对僵化到充满活力的巨大变革,成为世界第二大经济体、制造业第一大国、货物贸易第一大国、商品消费第二大国、外资流入第一大国、外汇储备第一大国。现在,我们已开启"十四五"发展和2035年远景目标,未来发展也必须实行更高水平的开放并更有力度地促进更深层次的改革才行。

　　当前,经济全球化遭遇逆流,单边主义、保护主义抬头,我们要坚定不移扩大对外开放,全面提高对外开放水平,建设更高水平开放型经济新体制,以高水平对外开放打造国际合作和竞争新优势,推动解决全球治理体系中不适应、不匹配的问题。统筹发展和安全,全面防范风险挑战。推进对外贸易体制机制创新,要落实好新发展理念,紧

紧围绕构建以国内大循环为主体、国内国际双循环相互促进的新发展格局，以供给侧结构性改革为主线，深化相应的科技创新、制度创新、业态和模式创新，加快提升贸易质量，稳定产业链供应链，培育外贸新动能，深入推进贸易便利化，优化外贸发展环境，使国内市场和国际市场实现更顺畅的互联互通。

（本文原为作者 2020 年 9 月 24 日在"2020 国是论坛"上的主题演讲，收入时略有改动）

加大开放力度，
推动西部大开发形成新格局

2019 年是新中国成立 70 周年，也是国家实施西部大开发战略 20 周年。2019 年 5 月 17 日，《中共中央、国务院关于新时代推进西部大开发形成新格局的指导意见》印发。下面就加大开放力度推动西部大开发形成新格局谈几点体会和认识。

一、实施西部大开发的历程

党中央、国务院对西部地区经济社会发展和西部大开发高度重视。毛泽东同志早在 1956 年写的《论十大关系》中就强调，要处理好沿海工业和内地工业的关系。他指出，沿海工业和内地工业的发展差距，"是历史上形成的一种不合理的状况。沿海的工业基地必须充分利用，但是，为了平衡工业发展的布局，内地工业必须大力发展"①。

---

① 《毛泽东文集》第七卷，人民出版社 1999 年版，第 25 页。

"新的工业大部分应当摆在内地,使工业布局逐步平衡"①。在这里,毛泽东同志实际上已经提出国家应重视西部地区开发,以东部地区支持和带动西部发展,实现东西部协调发展的问题。《论十大关系》中关于"沿海工业与内地工业的关系"的论述可以说是我们党对推动西部开发和建设、实现东西部协调发展问题进行系统思考的肇始。

邓小平同志1988年9月提出中国现代化建设"两个大局"的战略构想。邓小平同志指出:"沿海地区要加快对外开放,使这个拥有两亿人口的广大地带较快地先发展起来,从而带动内地更好地发展,这是一个事关大局的问题。内地要顾全这个大局。反过来,发展到一定的时候,又要求沿海拿出更多力量来帮助内地发展,这也是个大局。那时沿海也要服从这个大局。"②这是邓小平同志正式提出"两个大局"的战略构想。

江泽民同志在世纪之交提出实施西部大开发战略。1999年3月3日,他在九届全国人大二次会议和全国政协九届二次会议的党员负责人会上的讲话中,正式提出了"西部大开发"的战略思想。同年6月9日,在中央扶贫开发工作会议上,江泽民同志再次谈到西部大开发问题。1999年6月17日,江泽民同志在西北五省区国有企业改革和发展座谈会上更加系统地阐述了西部大开发的战略构想。2000年1月13日,中共中央、国务院印发《关于转发国家发展计划委员会〈关于实施西部大开发战略初步设想的汇报〉的通知》,这是一份指导西部大开发的纲领性文件,对实施西部大开发的重大意义、

① 《毛泽东文集》第七卷,人民出版社1999年版,第26页。
② 《邓小平文选》第三卷,人民出版社1993年版,第277—278页。

指导思想、重点任务和政策措施进行了系统阐述。2000 年 1 月 16 日,国务院印发《关于成立国务院西部地区开发领导小组的决定》,决定成立西部大开发领导小组及其办公室;1 月 19 日至 22 日,国务院召开西部地区开发会议进行具体部署,西部大开发正式拉开帷幕。2000 年 6 月,朱镕基同志主持召开国务院西部地区开发领导小组第一次全体会议,决定西部大开发的范围为"10+2",即重庆市、四川省、贵州省、云南省、西藏自治区、陕西省、甘肃省、宁夏回族自治区、青海省、新疆维吾尔自治区和内蒙古自治区、广西壮族自治区。同时确定湖南湘西、湖北恩施 2 个州比照给予政策照顾。后来吉林延边也纳入比照政策照顾范围,再后来黑龙江大兴安岭地区、海南原黎族苗族自治州 6 县、湖南张家界市 1 区 1 县等也在一定程度上享受了西部大开发相关政策。

党的十六大以后,以胡锦涛同志为总书记的党中央着眼于全面建设小康社会的宏伟目标,深入推进西部大开发、不断提高西部大开发水平,使西部大开发按照科学发展的要求不断前进。2003 年 12 月,国务院西部地区开发领导小组第二次全体会议召开,研究提出要加快西部地区特色优势产业发展。2004 年 3 月,《国务院关于进一步推进西部大开发的若干意见》发布,明确要求把加快特色优势产业发展作为西部大开发的一项重要内容。随后于 2004 年 3 月 19 日至 20 日召开的国务院西部开发工作会议上,温家宝同志在讲话中强调,西部地区要依托各类资源优势,积极发展特色经济和优势产业,同时要防止盲目投资和低水平重复建设。2006 年 5 月,国务院西部开发办等 6 部门印发《关于促进西部地区特色优势产业发展的意见》。2010 年 7 月 5 日至 6 日,中共中央、国务院在北京召开西部大开发工作会议,胡锦涛同志在会上发表重要讲话指出,今后 10 年是全面建设小康社会的关键时期,也是深入推进西部大开发承前启后的关键时期。全党全国一定要从大局出发,深刻认识深入实施西部大开发战略的重要性和紧迫性,奋力将西部大开发推向深入,努力建设经济繁荣、社会进步、生活安定、民族团结、山川秀美的西部地区,为实现全面建设小康社会奋斗目标、实现中华民族伟大复兴作出新的更大的贡献。2010 年 9 月 6 日,《国务院关于中西部地区承接产业转移的指导意见》印发。

党的十八大以来,在以习近平同志为核心的党中央坚强领导下,西部地区经济社会发展取得重大历史性成就。习近平总书记在党的十九大报告中指出,要强化举措推进西部大开发形成新格局,加大西部开放力度,对新时代推进西部大开发作出了明确部署。2019 年 3 月 19 日,习近平总书记主持召开中央全面深化改革委员会第七次会议,会议审议通过了《关于新时代推进西部大开发形成新格局的指导意见》。2019 年 4 月 17 日,习近平总书记在重庆听取重庆市委和市政府工作汇报后强调,党中央通过了《关于新时代推进西部大开发形成新格局的指导意见》,这是党中央从全局出发作出的重大决策部署,对决胜全面建成小康社会、开启全面建设社会主义现代化国家新征程具有重大而深远的意义。重庆要抓好贯彻落实,在推进西部大开发形成新格局中展现新作为、实现新突破。2019 年 8 月 26 日,习近平总书记主持召开中央财经委员会第五次会议,研究推动形成优势互补高质量发展的区域经济布局问题。习近平总书记在会上发表重要讲话时强调,要根据各地区的条件,走合理分工、优化发展的路子,落实主体功能区战略,完善空间治理,形成优势互补、高质量发展的区域经济布局。2020 年 5 月，中共中央、国务院印发《关于新时代推进西部大开发形成新格局的指导意见》，为加快形成西部大开发新格局，推动西部地区高质量发展进一步指明了方向。

二、西部大开发取得历史性成就

实施西部大开发以来特别是党的十八大以来，面对错综复杂的国内外经济形势，在党中央、国务院坚强领导下，在各方面的大力支持下，在西部地区广大干部群众的共同努力下，西部大开发围绕狠抓西部地区基础设施建设、生态环境保护和特色优势产业发展，着力调整经济结构和改善民生，推进实施了一大批重点项目和工程，巩固了西部地区经济社会平稳向好的发展势头，西部地区各项主要指标增速多年领先四大板块。以西安市为例，从实施西部大开发以来，居民生活水平已由温饱迈入全面小康，由内陆城市变为开放前沿，由区域性中心城市跃升为现代化国际化的国家中心城市。特别是党的十八大以来，西安坚持贯彻新发展理念，坚持高质量发展，无论经济社会发展还是人民群众生活水平都发生了显著变化。截至 2018 年，西安已成为西北地区唯一的特大城市，经济总量位居西部第三。特别是 2017 年西咸新区①划归西安管理后，形成了大西安的格局和体量，

①　2014 年 1 月 6 日，国务院发布国函〔2014〕2 号文件正式批复陕西设立西咸新区。西咸新区正式成为国家级新区，是中国的第七个国家级新区。西咸新区是经国务院批准设立的首个以创新城市发展方式为主题的国家级新区。位于陕西省西安市和咸阳市建成区之间，区域范围涉及西安、咸阳两市所辖 7 县（区）23 个乡镇和街道办事处，规划控制面积 882 平方公里。

为西安发挥引领作用，带动陕西乃至整个西北地区的发展开创了新的局面。西部大开发取得的进展和成就具体体现在以下几方面。

（一）经济实力大幅提升

2000年至2020年，西部地区生产总值从17276亿元增加到213292亿元，占全国比重由17.5%提高到20%以上。2000年到2017年，西部地区人均地区生产总值由4948元增加到45522元，从相当于全国平均水平的62.3%提高到76.3%。2012年至2017年，西部地区生产总值年均增速达到8.9%，高出全国增速1.8个百分点，使得西部地区与其他地区之间的发展差距进一步缩小。2013年到2017年，西部地区生产总值从12.7万亿元增加到17.1万亿元，年均增长8.8%。5年间，主要指标增速高于全国平均水平，一些省份经济增速指标长年位居全国前列。如2018年，西藏10%，贵州9.1%，云南8.9%，陕西8.3%，高于全国6.6%的平均水平。陕西省生产总值从2000年的1804亿元，增加到2013年的16045.21亿元，到2018年的24438.32亿元。西安市生产总值从2000年的689亿元，增加到2013年的4884.13亿元，到2020年达到10020.39亿元。

（二）基础设施保障能力全面增强

截至2018年，西部地区铁路运营里程达到5.4万公里，其中高速铁路7618公里，高速公路通车里程突破5万公里，民用运输机场数量达114个，占全国比重近50%。西气东输、西电东送等一批具有重要影响的能源工程相继竣工，最后一批无电人口用电问题得到有效解决。金沙江梯级水电站以及广西百色、四川紫坪铺等一批大型水利枢纽建成并发挥效益。新一代信息基础设施建设工程顺利推进,移动互联网覆盖面不断扩大,信息服务实现跨越式发展。与西部其他省区一样,陕西省和西安市基础设施条件明显改善。陕西高铁通车里程突破 1000 公里,2018 年铁路建设规模突破 1800 公里。2017 年 12 月,西成高速铁路正式开通运营,阻隔中国西北与西南的秦岭天堑由此贯通,蜀道难成为历史。2020 年,中欧班列(长安号)全年开行量达 3720 列,居全国第一位。截至 2018 年年底,陕西公路总里程达 17.7 万公里,其中高速公路通车里程 5475 公里。2018 年末,西安公路总里程达到 14722 公里,是 1989 年的 5.7 倍,其中,高速公路 573 公里,是 2001 年的 3.6 倍。咸阳国际机场 2019 年旅客吞吐量突破 4700 万人次,居全国第七。2011 年 9 月,地铁 2 号线一期工程运营,西安进入"地铁时代"。2020 年末,西安地铁运营里程突破 200 公里,地铁客运量达到 72561 万人次。

(三) 特色优势产业发展壮大

西部地区产业体系和市场体系建设取得明显成效,一批特色产业基地逐步成形,特别是建成了一批国家重要的能源基地、资源深加工基地、装备制造业基地和战略性新兴产业基地,成为国民经济的重要支撑。各地区充分发挥自身优势,加快产业转型升级。如西安市从 2000 年起,结合国内外产业发展趋势和地区特色优势,先后遴选出若干产业予以重点培育和发展,产业发展不断壮大,质量和效益明显提升。在空间格局方面,西安各开发区主导产业已形成:向东,是以临港产业、跨境电商为主的国际港务区,"长安号"国际货运班列极大地缩短了货物运载时间;向南,曲江新区依靠文旅产业作品讲述

"长安"故事,将西安热度一次次提高;向西,以电子信息产业、现代制造业、现代服务业为三大主导产业的高新区,它支撑了西安科技与金融的发展;向北,经开区正在以汽车、高端装备制造、国防科技、总部经济和现代金融业等为主的八大千亿级产业集群,建设着西安"万亿级工业大走廊"。还有航空、航天基地,也都发挥着各自产业优势,助力西安"3+1"万亿级大产业发展。

(四) 生态文明建设成效显著

西部地区认真践行绿水青山就是金山银山的发展理念,重点生态地区生态修复治理加快实施。退耕还林还草、退牧还草、天然林保护等一批重点生态工程取得明显成效。截至 2018 年,西部地区共设立 37 个生态文明先行示范区,生态补偿等绿色发展机制初步建立。2013 年至 2017 年,西部地区安排新一轮退耕还林还草 3865.6 万亩,退耕还林还草累计达 1.26 亿亩,森林覆盖率进一步提高。草原、湿地等重要生态系统得到有效保护和恢复,地区生态环境明显改善,国家生态安全屏障得到巩固。陕西省 1999 年率先开展退耕还林还草试点,1999 年至 2018 年,全省累计完成国家下达的退耕还林还草计划任务 4039.7 万亩,其中退耕地还林还草 1867.5 万亩,为全国第一,荒山造林 1932.7 万亩,封山育林 239.5 万亩,森林覆盖率由退耕前的 30.92%增长到 43.06%,净增 12.14 个百分点,有效治理水土流失面积 9.08 万平方公里;北部沙区每年沙尘暴天数由过去的 66 天下降为 24 天,绿色向生态脆弱的陕北地区延伸了 400 多公里,昔日的"黄土高坡"如今变得天蓝了、山绿了、水清了、人富了;退耕还林惠及陕西 300 万退耕户 1000 万农民。陕西成为全国退耕还林先进省份,涌现出退耕还林第一市(延安)、退耕还林第一县(吴起县)等先进典型。

(五)　人民生活水平持续提高

西部地区居民收入持续增长。2017年城镇和农村居民人均可支配收入分别超过3万元和1万元,是2013年的1倍以上,年均增长超过10%。西安市城乡居民人均可支配收入2006年是10905元,2013年是33100元,到2018年达到38729元。西部地区农村贫困人口全部实现脱贫。"两基"攻坚计划如期完成,"两基"人口覆盖率达100%。农村三级卫生机构建设稳步推进,新型农村合作医疗制度参合率明显提高。覆盖城乡的社会保障体系初步建立,社会保障覆盖面不断扩大。四川汶川、芦山,云南鲁甸,青海玉树,甘肃舟曲等灾区灾后恢复重建胜利完成。

此外,实施西部大开发以来,西部地区改革不断深入,营商环境明显改善,开放型经济水平持续提高。特别是积极参与和融入"一带一路"建设,强有力地推动了西部地区经济社会发展。总的来看,西部地区与东部地区发展差距扩大的趋势得到有力遏制,我国区域发展的协调性不断增强,大大拓展了国家发展的战略回旋空间。

实践充分证明,党中央、国务院关于实施西部大开发战略的重大决策是完全正确的,制定出台的各项政策措施为西部地区经济社会发展发挥了极为重要的作用。特别是党的十八大以来,西部大开发各项成果的取得,是以习近平同志为核心的党中央坚强领导的结果,是习近平新时代中国特色社会主义思想科学指导的结果,是西部地区各族干部群众艰苦奋斗的结果,是全国各族人民大力支持的结果。

成绩来之不易，值得倍加珍惜。

三、西部大开发面临的新机遇和新挑战

中国特色社会主义进入新时代，西部大开发也进入新的发展阶段。党的十九大报告明确提出要实施区域协调发展战略，强化举措推进西部大开发形成新格局。这为新时代做好西部大开发工作确定了奋斗方向和历史使命，西部大开发在区域协调发展中的作用将进一步得到发挥，新政策、新举措必将推动西部大开发取得新成就。党的十九大报告明确提出要以"一带一路"建设为重点，坚持引进来和走出去并重，形成陆海内外联动、东西双向互济的开放格局，优化区域开放布局，加大西部开放力度。这为新时代做好西部大开发工作指明了路径，西部大开发与"一带一路"建设发展将结合得更加紧密，西部地区向西开放的前沿地位作用将得到进一步显现。党的十九大报告还提出要加快生态文明体制改革，建立市场化、多元化生态补偿机制。这为西部地区实践"绿水青山就是金山银山"的发展理念创造了重要条件，西部地区良好的生态资源和宝贵的生态价值将发挥可观的经济效益，也将给全国发展提供重要支撑和保障。重大决策部署大大振奋了西部地区干部群众精神，坚定了我们推进西部大开发形成新格局的决心和信心。

在把握机遇、坚定信心的同时，我们也要清醒地看到挑战。从国内看，发展不平衡不充分的问题在西部地区表现更为突出，抓重点、补短板、强弱项在西部地区尤为重要和迫切。西部地区与东部地区的发展水平差距仍然较大,人均地区生产总值和城乡居民收入的绝对差距依然存在。西部地区城市低收入群体生活状况尚待进一步改善。西部地区南北分化日趋明显,西北省份发展普遍慢于西南省份。中小城市和小城镇产业支撑不足问题突出。此外,西部地区生态环境仍然比较脆弱,遭受不可逆破坏的风险仍然存在。

从国际看,当今世界正经历百年未有之大变局,不确定不稳定因素有增无减。对此,我们无法掉以轻心,必须深入研究,妥善应对。

概括起来看,新时代强化举措推进西部大开发形成新格局,核心是要回答好两个问题:其一,新格局新在哪里,主要体现是什么? 其二,强化什么举措,如何强化、强化到什么程度? 回答好这两个问题,就能答好新时代推进西部大开发这份答卷。从思路看,要以习近平新时代中国特色社会主义思想为指导,全面贯彻党的十九大和十九届二中、三中、四中、五中、六中全会精神,按照党中央的部署要求,突出抓重点、补短板、强弱项,认真谋划新时代推进西部大开发形成新格局的各项工作。从目标看,要努力推动西部地区实现高质量发展,打造开放引领、创新驱动、绿色支撑、以人为本的"西部大开发3.0版本",为全国发展提供重要战略支撑。从路径看,要坚持新发展理念,坚持问题导向与目标导向相结合,推动西部大开发实现"三个转变":从注重空间开发向注重人的发展转变,从注重依靠中央支持推进硬件建设向注重通过改革开放激活发展内生动力转变,从注重提供普惠性政策支持向注重提供差异化精准化政策支持转变。从政策看,要依托国家整体区域政策体系,调整优化西部大开发专属政策,更加突出分类指导、精准精细,突出改革、开放、创新在政策设计中的主导地位。

四、推进新时代西部大开发形成新格局

2020 年 5 月 17 日发布的《中共中央、国务院关于新时代推进西部大开发形成新格局的指导意见》(以下简称《意见》)是指导"十四五"时期直至 2035 年西部大开发工作的纲领性文件,意义重大。我们要以习近平新时代中国特色社会主义思想为指导,按照党的十九大确立的奋斗目标和《意见》的精神,明确并认真落实新时代推进西部大开发形成新格局的总体要求、主要任务和保障措施。

(一) 总体要求

坚持稳中求进工作总基调,坚持新发展理念,坚持推动高质量发展,坚持以供给侧结构性改革为主线,深化市场化改革、扩大高水平开放,坚定不移推动重大改革举措落实,防范化解推进改革中的重大风险挑战。强化举措抓重点、补短板、强弱项,形成大保护、大开放、高质量发展的新格局。推动经济发展质量变革、效率变革、动力变革,促进西部地区经济发展与人口、资源、环境相协调,实现更高质量、更有效率、更加公平、更可持续发展。确保到 2035 年,西部地区基本实现社会主义现代化,基本公共服务、基础设施通达程度、人民生活水平与东部地区大体相当,努力实现不同类型地区互补发展、东西双向开放协同并进、民族边疆地区繁荣安全稳固、人与自然和谐共生。

(二) 主要任务

根据《意见》精神,形成新格局的主要任务包括以下五个方面。

1. 贯彻新发展理念,推动高质量发展。一是推进乡村振兴战略,打好污染防治标志性重大战役,精准研判可能出现的主要风险点并拿出改革新举措。二是要不断提升创新发展能力。三是要推动形成现代化产业体系。四是要优化能源供需结构。五是要大力推动城乡融合发展。六是要继续加强基础设施建设。七是要切实维护国家安全和社会稳定。

2. 加强生态环境保护,建设美丽西部。一是深入实施重点生态工程。二是稳步开展重点区域综合治理。三是加快推进绿色发展。

3. 坚持以人民为中心,进一步改善民生。一是着力强化公共就业创业服务。二是支持教育高质量发展。三是加强医疗服务能力建设。四是完善社会保障体系。五是健全养老服务体系。六是强化公共文化体育服务。七是改善住房保障条件。八是加强防灾减灾与应急管理能力。

4. 深化重点领域改革,坚定不移推动重大改革举措落实。一是深化要素市场化配置改革。二是积极推进科技体制改革。三是持续推进信用体系建设。四是努力营造良好营商环境。

5. 以共建"一带一路"为引领,加大西部开放力度。

(三) 保障措施

加大政策支持力度。一是财政政策支持。稳妥有序推进中央和地方收入划分改革,加大地方政府债券对基础设施建设的支持力度,将中央财政一般性转移支付收入纳入地方政府财政承受能力计算范畴。二是金融政策支持。支持商业金融、合作金融等更好为西部地区发展服务。增加绿色金融供给,推动西部地区经济绿色转型升级。

三是产业政策支持。实行负面清单与鼓励类产业目录相结合的产业政策,提高政策精准性和精细度。四是用地政策支持。继续实施差别化用地政策,新增建设用地指标进一步向西部地区倾斜。加强对基础设施领域补短板项目的用地保障。五是人才政策支持。努力造就忠诚干净担当的西部地区高素质干部队伍。落实完善工资待遇倾斜政策。六是帮扶政策支持。深入开展对口支援新疆、西藏和青海等省藏区以及对口帮扶贵州等工作。七是组织保障支持。加强党对西部大开发工作的领导,强化基层党组织建设,激励干部担当作为,鼓励创造性贯彻落实。

五、"一带一路"建设引领西部加大开放力度

(一)关于第二届"一带一路"国际合作高峰论坛

2019年4月25日至27日,举世瞩目的第二届"一带一路"国际合作高峰论坛①在北京成功举办。这次论坛影响巨大、成果丰硕、意义深远,成为推动"一带一路"高质量发展的重要里程碑。论坛的主

①　"一带一路"国际合作高峰论坛是中国政府主办的高规格论坛活动,主要包括开幕式、圆桌峰会和高级别会议三个部分。第一届"一带一路"国际合作高峰论坛于2017年5月14日至15日在北京举行,29位外国元首、政府首脑及联合国秘书长、红十字国际委员会主席等3位重要国际组织负责人出席高峰论坛。通过主办高峰论坛,主要实现以下目标:一是全面总结"一带一路"建设的积极进展,展现重要早期收获成果,进一步凝聚合作共识,巩固良好的合作态势。二是共商下一阶段重要合作举措,进一步推动各方加强发展战略对接,深化伙伴关系,实现联动发展。三是在推进中国经济社会发展和结构调整的同时,推动国际合作,实现合作共赢。

题是:共建"一带一路"、开创美好未来。论坛期间,习近平主席出席高峰论坛开幕式并发表主旨演讲,全程主持了领导人圆桌峰会,同与会各国领导人举行了双边会见。习近平主席发表的系列重要讲话引起广泛反响。

"一带一路"国际合作高峰论坛是共建"一带一路"框架下最高规格的国际合作平台,着眼于为共建"一带一路"凝聚国际共识,规划合作蓝图,推动务实合作。第二届"一带一路"国际合作高峰论坛的意义主要有 5 个方面。

1.深刻阐释了推动全球治理格局和治理体系变革的"中国方案"。当今世界正经历百年未有之大变局,不确定不稳定因素增多。经济全球化遭遇波折,世界经济增长乏力,保护主义、单边主义抬头。论坛上,各方领导人共同表明了反对保护主义和单边主义的明确态度,达成了大力推进互联互通,挖掘经济增长动力,推动可持续发展的政治共识,明确提出要推动贸易和投资自由化便利化,支持开放、包容、以规则为基础的多边贸易体制。各方在论坛期间建立的"一带一路"多边对话合作平台,是在以实际行动构建开放型世界经济、践行多边主义理念。正如习近平主席在开幕式主旨演讲中强调的:共建"一带一路"倡议,目的是聚焦互联互通,深化务实合作,携手应对人类面临的各种风险挑战,实现互利共赢、共同发展。共建"一带一路"倡议同联合国、东盟、非盟、欧盟、欧亚经济联盟等国际和地区组织的发展和合作规划对接,同各国发展战略对接。从亚欧大陆到非洲、美洲、大洋洲,共建"一带一路"为世界经济增长开辟了新空间,为国际贸易和投资搭建了新平台,为完善全球经济治理拓展了新实践,为增进各国民生福祉作出了新贡献,成为共同的机遇之路、繁荣之路。共建"一带一路",顺应经济全球化的历史潮流,顺应全球治理体系变革的时代要求,顺应各国人民过上更好日子的强烈愿望。

2.进一步丰富了共建"一带一路"倡议的内涵。论坛重申将坚持共商共建共享原则,由各方平等协商、责任共担、共同受益,欢迎所有感兴趣的国家都参与进来。一致支持开放、廉洁、绿色发展,反对保护主义,努力建设风清气正、环境友好的新时代丝绸之路。一致同意践行高标准、惠民生、可持续理念,积极对接普遍接受的国际规则标准,坚持以人民为中心的发展思想,走经济、社会、环境协调发展之路。共同目标是,携手努力让各国互联互通更加有效,经济增长更加强劲,国际合作更加密切,人民生活更加美好。正如习近平主席在论坛记者会上的讲话中指出的:共建"一带一路"倡议源于中国,机会和成果属于世界。共建"一带一路"是一项长期工程,是合作伙伴们共同的事业。习近平主席在论坛欢迎宴会上的祝酒辞中指出:面对当今世界的各种挑战,我们应该从丝绸之路的历史中汲取智慧,从当今时代的合作共赢中发掘力量,发展全球伙伴关系,开创共同发展的光明未来。当然,共建"一带一路"正在发展之中,肯定会遇到一些困难和曲折。无论是顺境还是逆境,无论前方是坦途还是荆棘,我们都要弘扬伙伴精神,不忘合作初心,坚定不移前进。我们都应该抱有这样一个信念:各国人民都应该拥有一个更加美好的未来,共建"一带一路"一定会迎来一个更加美好的世界。

3.为深化"一带一路"全方位对接合作指明了方向。习近平主席提出高质量共建"一带一路",成为贯穿本次高峰论坛的鲜明主线。这是推动世界经济强劲和包容增长的现实需要,是中国经济进入高质量发展阶段的自然延伸,是"一带一路"建设从"大写意"到"工笔画"的必然选择。论坛期间,与会各方围绕绘制精谨细腻的"一带一路"工笔画,开展全方位对接合作,进一步明确了合作重点和路径。各方都认为,要着眼更深入的务实合作、更开放的联动发展、更广泛的互利共赢。要以高质量基础设施建设和产业合作为重点,解决好金融支撑、投资环境、风险管控、民心相通等关键问题。要为此建立工作机制、完善配套支持,形成更多可视化成果。这标志着共建"一带一路"重心进一步下沉,重点进一步明确,规划将更加科学,着力将更加精准,开始迈上走深走实的新征程。正像习近平主席在论坛圆桌峰会上的开幕辞中讲到的:我们再次举行高峰论坛,就是希望同各方一道,绘制精谨细腻的"工笔画",让共建"一带一路"走深走实,更好造福各国人民。我们期待同各方一道,完善合作理念,着力高质量共建"一带一路"。我们期待同各方一道,明确合作重点,着力加强全方位互联互通。我们期待同各方一道,强化合作机制,着力构建互联互通伙伴关系。

4. 为中国深化改革、扩大开放、高质量发展开辟了新空间。"一带一路"建设同中国的改革开放相辅相成、相互促进。共建"一带一路"体现了中国推进全方位开放格局的决心,而中国改革开放的深化又为共建"一带一路"注入了源源不断的动力。习近平主席在高峰论坛开幕式上宣布,中国将采取一系列重大改革开放举措,包括在更广领域扩大外资市场准入、更大力度加强知识产权保护国际合作、更大规模增加商品和服务进口、更加有效实施国际宏观经济政策协调、更加重视对外开放政策贯彻落实等。这些扩大开放的举措,是根据中国改革发展客观需要作出的自主选择,同时也将为共建"一带一路"和各国共同繁荣提供更多、更大的机遇。事实证明，共建"一带一路"不仅为世界各国发展提供了新机遇，也为中国形成全面开放新格局、国民经济高质量发展注入了新动能。

5. 再次强有力地向世界传递了"中国声音"。第二届"一带一路"国际合作高峰论坛再度在国际上掀起"一带一路"热潮。世界各大媒体对高峰论坛进行了全方位报道，论坛盛况和共建"一带一路"的好声音、好故事占据多家媒体头版头条。与会各国领导人、国际组织负责人接受专访，高度评价"一带一路"倡议给世界各国带来的机遇，赞赏高峰论坛是开放、包容的国际合作平台，认同"一带一路"倡议与联合国 2030 年可持续发展议程高度契合。各方还充分肯定新中国成立以来，特别是改革开放 40 多年来中国经济社会发展成就，认为中国只用了几十年时间就一跃成为世界第二大经济体，发展中国家可以通过共建"一带一路"借鉴中国有益经验，实现经济发展和民生改善。

第二届"一带一路"国际合作高峰论坛的成功举办，是习近平外交思想的成功实践，生动体现了中国理念、中国方案、中国故事、中国声音的国际感召力和影响力，集中凝聚了世界各国开放发展、合作共赢，共同构建人类命运共同体的共同愿望，使共建"一带一路"倡议在国际上更加深入人心。论坛成功举办说明，共建"一带一路"的朋友圈越来越大、好伙伴越来越多、合作质量越来越高、发展前景越来越好。到 2020 年 8 月底，已有 138 个国家和 30 个国际组织与我国签订 200 份共建"一带一路"合作文件。共建"一带一路"有理念、有机制、有举措，体现了时代发展进步的潮流，体现了合作共赢的特色，充分说明了共建"一带一路"应潮流、得民心、惠民生、利天下，必将走深走实、行稳致远。

(二) 西部地区参与"一带一路"建设的进展和成就

西部地区是参与"一带一路"建设不可或缺的重要组成部分。推进"一带一路"建设的初衷之一就是要促进广大中西部地区对外开放,改善我国开放海强陆弱、东强西弱的状况。西部地区参与"一带一路"建设经历了从无到有、由点及面的过程,取得了令人瞩目的成绩。

一是有效贯彻落实国家部署,政策保障体系逐步完善。西部各地以习近平新时代中国特色社会主义思想为指导,深化认识、抓住机遇、稳扎稳打、狠抓落实。西部12个省区市都设立了专门的领导机制和工作机构,出台了参与"一带一路"建设实施方案。西部地区依托靠近欧亚大陆的区位优势,发挥独特纽带作用,通过改革创新增强内生动力,通过开发开放提升实体经济发展水平,全面参与六大国际经济合作走廊建设。

二是充分发挥比较优势,积极投身"一带一路"建设。新疆聚焦丝绸之路经济带核心区建设,建设国际医疗服务中心,形成外联周边国家、内联京沪的云医院集群。重庆率先开行中欧班列,建成"渝新欧"国际铁路联运大通道。截至2021年4月底,成都中欧班列已累计开行超过8000列,2020年进出港货物值达1507亿元,年均带动四川省进出口贸易超120亿美元。成都持续推进国别合作园区建设不断深化,中德、中法、中意、中韩、新川等国别合作园区加快建设,新加坡创新中心2018年9月启动。四川设立国内跨境双向人民币资金池,成都新筑奥威超级电容研发生产中心成为首个入驻中白工业园的建设项目。陕西连续多年举办欧亚经济论坛,打造中俄丝路创新园等特色项目。甘肃成功举办四届丝绸之路(敦煌)国际文化博览会。青海、西藏等也深挖对外开放潜力,加快开放型经济发展。

三是以"一带一路"建设为引领,推动开放型经济发展迈上新台阶。"一带一路"建设推动了中西部从开放末梢走向开放前沿。从西北到西南的万里边疆,国家先后设立了东兴、瑞丽、满洲里等沿边重点开发开放试验区,支持建设一批边境、跨境经济合作区,内蒙古对蒙俄,新疆对中亚、南亚,云南、广西对东南亚、南亚开展合作,形成了各具特色、多点支撑的沿边开发开放格局。内陆地区对外开放迈出新步伐,广西、云南以沿边金融综合改革试验区为平台,推动跨境人民币结算,宁夏、贵州内陆开放型经济试验区建设顺利推进,2017年国家又正式批复设立重庆、四川、陕西等自贸试验区,通过体制机制创新,正在为内陆地区参与"一带一路"建设作出积极探索。

(三)以"一带一路"建设为契机加大西部开发力度

下一步,西部地区要继续努力,把握机遇、久久为功,力争参与和融入"一带一路"建设取得新进展。

一是进一步向西、向北开放。通过新亚欧大陆桥、中蒙俄、中巴、中国—中亚—西亚经济走廊建设,带动西部扩大与中亚、西亚、东北亚及欧洲等国家和地区的开放合作。西安市作为古丝绸之路起点,要在新时代发挥新作用,《意见》中特别强调,支持新疆加快丝绸之路经济带核心区建设,形成西向交通枢纽和商贸物流、文化科教、医疗服务中心。支持内蒙古深度参与中蒙俄经济走廊建设。宁夏要深化与阿拉伯国家在商贸物流、产业发展等方面的开放合作。甘肃要发挥丝绸之路经济带的重要通道作用,深耕人文交流,不断提升开放水平。青海要发挥在绿色丝绸之路建设中的重要作用,推动生态环保、绿色产业等领域的开放合作。

二是进一步向东南亚、南亚开放。通过中国—中南半岛、中巴、孟中印缅经济走廊建设,促进西部与东南亚、南亚等国家和地区的开放合作。四川要发挥经济大省的综合优势,强化创新引领,打造立体全面开放格局,建设内陆开放经济高地。广西作为"一带"与"一路"有机衔接的重要门户,要着力发展向海经济,加快构建面向东盟的国际大通道,打造西南中南地区开放发展新的战略支点。云南要加强与澜沧江—湄公河区域开放合作,畅通陆上连接印度洋的国际大通道,打造面向南亚、东南亚的辐射中心。重庆作为"一带一路"和长江经济带的联结点,要依托交通大通道和中新互联互通示范项目,打造内陆开放高地。贵州要发挥大数据产业优势,积极开展创新领域开放合作。西藏要加强与尼泊尔等周边国家边境贸易和旅游文化合作,打造面向南亚开放的重要通道。

三是向参与和共建"一带一路"的更大范围开放。在与非洲国家共建"一带一路"过程中,带动西部的制造业、资源开发、农业等开放合作。在与拉美和加勒比地区、大洋洲国家开展共建时,推动港口建设、海洋渔业、文化旅游、水利水电等方面的开放合作。积极参与欧美等发达国家及有关国际组织与我国开展的"一带一路"第三方合作,带动西部地区技术引进、产业升级。推动西部地区参与计量、标准、认证认可、检验检测等方面的国际质量共治,提升中国制造、中国服务的国际竞争力。

综上所述,新时代推进西部大开发形成新格局,前景光明,任重道远,让我们共同努力。

（本文原为作者2019年10月17日为西安市委中心组学习会所作的专题报告整理,收入时略有改动）

以开放为引领，
推动东北地区实现全面振兴

　　2019 年 12 月 16 日出版的《求是》杂志发表了习近平总书记的重要文章《推动形成优势互补高质量发展的区域经济布局》，这篇文章是习近平总书记 2019 年 8 月 26 日在中央财经委员会第五次会议上讲话的一部分。文中指出："东北地区是我国重要的工农业基地，维护国家国防安全、粮食安全、生态安全、能源安全、产业安全的战略地位十分重要。党的十八大以来，我先后到东北调研 5次，2 次召开专题座谈会。下一步，特别是'十四五'时期，要有新的战略性举措，推动东北地区实现全面振兴。"①开放方面国家可以给一些政策，但更重要的还是靠东北地区自己转变观念、大胆去闯。下面以开放为题，就推动东北地区全面振兴，谈几点看法。

---

　　①　习近平：《推动形成优势互补高质量发展的区域经济布局》，《求是》2019 年第 24 期。

一、以开放"催化"改革进程

通常的说法是，以开放促改革、促发展，以开放倒逼改革，开放也是改革等等。都有道理，这些提法也常常见诸正式的文件报告中。但是，开放如果没有配套的改革跟进，就是危险的开放，甚至很难成为有良性结局的开放，历史上有过这样的经验教训。如果说开放是"催化剂"，那么必须有改革的"化学反应"作基础。

改革改什么，怎么改，朝哪个方向改，40 多年了，既有比较完善的理论，又有明显成功的实践。党的十九届四中全会对 40 多年来的改革特别是党的十八届三中全会以来的改革以及未来的改革进行了全面系统的阐述。党的十九届四中全会明确了全面深化改革的"主轴"和"主线"。改革要系统集成、协同高效，把握好两条脉络，即"守正"与"创新"。守正就是必须坚持和巩固哪些，创新就是需要完善和发展哪些。

开放要与守正和创新配套、接轨，成为坚持与巩固、完善与发展等"化学反应"的"催化剂"，与改革相辅相成、同频共振。对于必须坚持和巩固、需要定型或已经制度化的东西，也就是体制机制的"四梁八柱""承重墙"，在开放中予以加固，不能随便动、轻易动，否则架构不稳，会地动山摇，出大问题。对于需要完善和发展的，可以继续改、深入改、加大力度改的地方，则应该继续解放思想、实事求是，应改则改、能动则动，确有需要，该"加建"则加建，当然不能"乱建""违建"。开放要推动体制机制的完善和发展进程，有利于加速完善和发展各项举措的实施。

高水平开放"催化"改革,从东北振兴的角度看,以下几点至关重要:

一是在优化营商环境上发力。营商环境是企业生存发展、实现振兴的土壤。2019 年 10 月 23 日,世界银行发布《2020 营商环境报告》,中国营商环境排名由 46 位上升到 31 位,提升了 15 位。2019 年 10 月 22 日,国家公布了《优化营商环境条例》。东北地区必须在优化营商环境上用心用力,做足文章。不断完善市场化、法治化、国际化的营商环境,放宽外资市场准入,继续缩减负面清单,完善投资促进和保护、信息报告等制度。

二是在尊重知识、尊重人才上下功夫。完善知识产权保护法律体系,大力强化相关执法,增强知识产权民事和刑事司法保护力度。要多方面采取措施,创造拴心留人的条件,让各类人才安心、安身、安业。

三是给民营企业吃"定心丸"、服"强心剂"。支持和鼓励民营企业发展,必须务实,不能玩虚活。要把党的十八大以来党中央出台的一系列扶持东北地区民营经济发展的改革举措真正落实到位,坚持"两个毫不动摇"(毫不动摇巩固和发展公有制经济,毫不动摇鼓励、支持、引导非公有制经济发展),依法保护民营企业权益,鼓励、支持、引导非公有制经济继续发展壮大。

四是难中求进,搞活国有企业。东北地区国有经济比重较高,要找到突破口,加快国资国企改革,推动国有资本布局优化调整,让老企业焕发新活力。

二、以开放重构合作格局

党的十九届四中全会审议通过的《中共中央关于坚持和完善中国特色社会主义制度、推进国家治理体系和治理能力现代化若干重大问题的决定》（以下简称《决定》）明确，建设更高水平开放型经济新体制，实施更大范围、更宽领域、更深层次的全面开放。党的十九届五中全会提出，到 2035 年形成对外开放新格局。高水平开放型经济新体制，全面开放新格局对东北振兴的区域合作提出了新任务、新要求。首先，东北振兴的区域合作要与更大范围的开放联动，必须优化开放的空间布局，加快形成开放高地，带动整体开放合作。其次，要与更宽领域的开放联动，根据东北地区的特点大幅放宽市场准入，包括在更多领域允许外资、外地企业控股或独资经营等。最后，要与更深层次的开放联动，推动贸易和投资自由化便利化，包括健全外商投资准入前国民待遇加负面清单管理等制度。

从"重构"区域合作格局的角度看，高水平开放应推动以下工作。

一是加快建设高标准市场体系。党的十九届四中全会审议通过的《决定》强调，要加快完善社会主义市场经济体制，健全市场一体化发展机制。东北地区要深化区域合作机制，实施好全国统一的市场准入负面清单制度，坚决清理废除妨碍统一市场和公平竞争的各种规定和做法，消除歧视性、隐蔽性的区域市场壁垒，打破行政性垄断，坚决破除地方保护主义，与其他地区合作，从而促进生产要素价格市场决定、跨区域自主有序流动，高效公平配置。加快建立与其他区域间统一开放、竞争有序的市场体系。区域合作与发展,你中有我、我中有你,优势互补、取长补短、互学互鉴、融合发展是大势所趋。只要平等相待、互谅互让,就没有破解不了的壁垒。

二是培育发展现代化都市圈。发挥比较优势,提高中心城市和城市群综合承载能力。加强中心城市和城市群及重点领域开放合作,打造开放高地,形成开放增长极,构建高质量发展拉动全面振兴的新动力源。长春已经提出、规划并开始建设现代化都市圈,意义重大。不仅是主动融入国家区域发展战略的明智选择,也是推动吉林乃至整个东北全面开放、高质量发展、全方位振兴的重大举措,具有积极的影响带动作用。希望长春敢于先行先试,比如率先改革土地管理制度。建设用地资源向长春都市圈倾斜,城乡建设用地供应指标使用在省里统筹下应更加灵活,使长春有更大发展空间,成为东北地区高水平开放的振兴样板。

三是激发人力资源形成"入关效应"。人口内迁、人才外流,是东北振兴的突出痛点。2012 年至 2018 年,东北地区经济总量占全国的比重从 8.7% 下降到 6.2%,常住人口减少 137 万,多数是年轻人和科技人才。要通过高水平开放,从根本上扭转这个状况。东北振兴的关键是人才,要研究更具吸引力的措施,除中央已有明确政策规定之外,全面放宽城市落户条件,完善土地、户籍、转移支付等配套政策,促进外来迁移人口稳定落户,保证迁得进、落得下。要留住人才,吸引人才,让人才有用武之地,特别是支持和爱护企业家,让优秀企业家放心、暖心,有信心,一马当先,带动万马奔腾,形成千军万马闯关东投资兴业的新局面。

四是继续加大市场开放力度。东北地区人口虽说出现"负增长"现象，但数据显示2018年末仍有约1.1亿常住人口，中等收入群体有一定规模，市场规模巨大、潜力巨大。要积极建设更加活跃的区域内市场，刺激消费，扩大内需。要充分挖掘潜力，做好消费、内需拉动这篇大文章。

五是深度融入共建"一带一路"，打造对外开放新前沿。党的十九大报告指出，要以"一带一路"建设为重点，坚持引进来和走出去并重，遵循共商共建共享原则，加强创新能力开放合作，形成陆海内外联动、东西双向互济的开放格局。东北振兴要与丝绸之路经济带建设密切联系，提升与东北亚地区的互联互通水平，同时加快沿边开放，完善重点边境口岸基础设施，发展优势产业群。更多吸引跨国企业到东北投资，实现多方合作、互利共赢。

三、以开放激发创新活力

创新是当今时代的重大命题。坚持新发展理念，首先必须坚持创新。东北振兴，要以开放为导向，激发创新活力。要坚持巩固、增强、提升、畅通的方针，以创新驱动和改革开放为两个轮子，全面提高经济整体竞争力，加快现代化经济体系建设。激发创新活力，转好创新驱动这个轮子，要推动东北振兴，需要在以下几方面发力。

一是科技创新不掉队。当今世界正在经历百年未有之大变局，显著特点之一就是：新一轮科技革命和产业变革正处在实现重大突破的历史关口。在这个重大机遇和挑战面前，全国各地区基本处在同一起跑线,东北地区不能掉队,在某些领域、某些方面甚至可以领先。关键在于加大开放力度,加强与其他地区,尤其是科技创新基础比较好的地区的创新合作,推动科技同东北经济深度融合,共享创新成果。

二是体制创新不含糊。东北地区要下决心打破制约知识、技术、人才等创新要素流动的体制机制壁垒,支持企业自主开展技术交流合作,让创新源泉充分涌流。加强知识产权保护,而不是搞知识封锁,制造甚至扩大科技鸿沟。要想推动经济高质量发展,需要深化科技体制改革,加快科技成果转化应用,加快提升企业技术创新能力,发挥国有企业在技术创新中的积极作用,健全鼓励支持基础研究、原始创新的体制机制,完善科技人才发现、培养、激励机制。发挥国有企业在技术创新中的积极作用,东北有优势,绝不能含糊。

三是创新驱动不松劲。全国实施创新驱动发展战略,东北地区也要靠创新驱动振兴。要以培育壮大新动能为重点,激发创新驱动内生动力。创新驱动不是把已经衰败的产业和企业硬扶持起来,而是要有效整合资源,主动调整经济结构,加强传统制造业技术改造,善于扬长补短,依靠创新把实体经济做活、做实、做强、做优,实现凤凰涅槃。要积极扶持新兴产业加快发展,发展新技术、新业态、新模式,培育健康养老、旅游休闲、文化娱乐等新增长点。促进资源枯竭地区转型发展,加快培育接续替代产业,延长产业链条。尽快形成多点支撑、多业并举、多元发展的产业发展格局。不断推动转方式、调结构、增动力,推动经济跟上全国高质量发展的步伐。

四、以开放释放共享潜力

区域协调发展的最终目标，就是通过解决区域发展不平衡不充分问题，增进各区域人民福祉，满足各区域人民日益增长的美好生活需要，促进人的全面发展。正像党的十九届四中全会审议通过的《决定》指出的：必须健全国家基本公共服务制度体系，尽力而为，量力而行，注重加强普惠性、基础性、兜底性民生建设，保障群众基本生活。使改革发展成果更多更公平惠及全体人民。东北振兴的目的就在于此。

共享首先必须补齐民生领域短板，让东北人民群众共享东北振兴和全国发展成果。要确保养老金按时足额发放，完善社会救助体系，保障好城乡生活困难人员基本生活，解决好社保、就业等重点民生问题。具体讲，开放促进共享要体现在以下方面。

一是促进就业，健全更充分更高质量就业的促进机制。健全劳动要素市场化配置机制。健全促进就业政策协调机制，落实就业优先政策并将其置于宏观政策层面。健全促进就业能力提升机制，通过教育、培训等获得的知识和技能，提升人力资本。健全针对重点人群就业帮扶机制，对重点群体的就业提供普惠的支持政策。健全劳动关系协调机制，构建和谐劳动关系，营造公平就业环境。健全就业统计和失业预警机制。

二是办好教育，构建服务全民终身学习的教育体系。加强师资队伍建设，增强各级各类教师的有效供给。通过学历教育与非学历教育相结合、学校教育与网络教育相结合等多种形式培养、培训、培育各级各类教师,确保师资队伍的规模和水平。明确目标要求,完善组织、考核、监督等相关政策。灵活运用新技术,以"互联网+"推动构建服务全民终身学习的教育体系。充分发挥高等院校、职业院校、科研院所、各级党校、各类教育基地的资源供给优势,将其有效转化为网络教育优质资源。

三是完善全民社保体系,建立健全统筹城乡、可持续的基本养老保险制度、基本医疗保险制度,稳步提高保障水平。尽快实现养老保险全国统筹,在全国范围内实现制度统一和区域间互助共济。养老保险全国统筹对维护全国统一大市场、促进企业间公平竞争和劳动力自由流动都有重要意义,更重要的是体现普惠包容共享。

四是提高人民健康水平,让广大人民群众享有公平可及、系统连续的健康服务。抓好落实分级诊疗制度,引导医疗卫生工作重心下沉、资源下沉、关口前移;抓好现代医院管理制度建设,正确处理好医院与政府的关系,实现政事分开、管办分离,提高服务能力和运行效率;抓好全民医保制度建设,完善筹资机制、提高保障水平、改革支付方式、加强基金管理;抓好药品供应保障制度建设,从生产、流通、使用多个环节保障质量安全、方便价廉、规范管理;抓好综合监管制度建设,完善法律法规,加强全行业管理。

五是完善城乡公共文化服务体系,健全人民文化权益保障制度。完善城乡公共文化服务体系,优化城乡资源配置,推动基层文化惠民工程扩大覆盖面、增强实效性,健全支持开展群众性文化活动机制,鼓励社会力量参与公共文化服务体系建设。

六是人民安居乐业、社会安定有序,完善共建共治共享的社会治理制度。健全党对社会治理工作的领导制度、矛盾调处机制、社会治安管理制度、公共安全管理制度、网络安全管理制度、社会力量参与制度、社会基础管理制度、基层组织建设制度、智能化建设制度、社会治理队伍建设制度和平安建设责任督导制度。

七是生态文明建设，践行绿水青山就是金山银山的理念，促进人与自然和谐共生。更好支持生态建设和粮食生产，巩固提升绿色发展优势。要贯彻绿水青山就是金山银山、冰天雪地也是金山银山的理念，落实和深化国有自然资源资产管理、生态环境监管、国家公园、生态补偿等生态文明改革举措，加快统筹山水林田湖草治理，使东北地区天更蓝、山更绿、水更清。要充分利用东北地区的独特资源和优势，推进寒地冰雪经济加快发展。

八是巩固脱贫攻坚成果，防止返贫，推进乡村全面振兴。

总之，共享，既是高水平开放的理念，又是要求、任务和目标。开放必须推动区域发展的公平性，不仅能够提升经济社会质量，更能提升人民群众的获得感、幸福感、安全感。让人民群众共享发展成果。

东北振兴任务艰巨，意义重大。"十四五"时期已经开启，我们希望，再有5年，东北小变样，再有10年，东北大变样。让我们共同努力！

（本文原为作者2019年12月21日在"中国改革（2019）年会"上的演讲，收入时略有改动）

深度开放是粤港澳大湾区教育
高质量发展的根本出路

　　教育是"国之大计、党之大计"，在我国国家制度和国家治理体系中具有基础性、战略性、全局性、先导性的重要作用。党的十九届四中全会指出，要构建服务全民终身学习的教育体系。推动粤港澳大湾区教育合作发展，是《粤港澳大湾区发展规划纲要》（以下简称《规划纲要》）提出的重要任务之一。也是贯彻落实党的十九届四中全会精神的题中应有之义。《规划纲要》于2019年2月颁布后，关于如何开展粤港澳大湾区教育合作发展的文章、观点不少，仁者见仁，智者见智，但关于粤港澳大湾区教育高质量合作发展的讨论还不多见。笔者以为，粤港澳大湾区教育合作发展，必须是高质量的发展。所谓高质量，即：接轨、包容、共享。下面，从改革开放创新的角度，就粤港澳大湾区教育合作的高质量发展谈几点看法。

一、深化改革推动接轨

　　接轨就是以改革为引领，推动教育体制机制接轨。粤港澳三地教育合作多年来一直在探索当中。粤港澳大湾区与世界上其他湾区相比,有个非常不同的特色,这就是:在"一国两制"背景下,粤港澳大湾区内存在着3个税区和3种货币。在这种情况下推动教育合作发展,国际上没有先例,需要大胆闯、大胆试,通过前所未有的改革推动三地教育体制机制的接轨。

这样的改革接轨,需要三地共同努力,锁定目标、求同存异、渐进实施。不仅广州、深圳等珠三角9市要全面深化教育体制机制及相关领域的配套改革,主动接轨港澳,而且作为特别行政区的香港和澳门也必须改革相应的教育体制机制,积极配合接轨珠三角9市。

这样的教育体制机制改革接轨,既要符合国家治理体系和治理能力现代化的要求,又要按照香港特别行政区基本法和澳门特别行政区基本法的规定办事。教育理念、学制、教材、习惯乃至语言等诸多方面需要对接磨合。既要"求同",充分考虑"一国",也要"存异",认真考虑"两制"。这种接轨需要三地不断增进共识,良性互动,"牵手"而不是"掰手","修路"而不是"封路",要不断拆除体制机制壁垒,为教育合作发展营造友好环境和"绿色土壤"。

二、扩大开放增进包容

包容就是以开放为导向,增进教育包容合作。教育合作发展,必须实现各类教育资源的融合。这种融合不能是简单的"物理反应",而应是有机的"化学反应"。不是机械的,而是包容的。包容需要互学互鉴、互相尊重、优势互补、协同发展。包容必须开放,不是一般性开放,而是全面扩大的开放。

一是扩大开放的范围,优化教育资源的空间布局,在高校合作办学、联合共建优势学科、实验室和研究中心、粤港澳高校联盟发挥好作用、高校相互承认特定课程学分、更灵活地安排交换生、科研成果分享转化等方面要真正落地。在基础教育方面,三地中小学校结为"姊妹学校",在珠三角设立港澳子弟学校或设立港澳儿童班并提供寄宿服务。三地幼儿园缔结"姊妹园"。开放三地中小学教师、幼儿教师考取互认的教师资格并任教。

二是扩大开放的领域,放宽各类教育资源的市场准入,在更多领域允许相互教育资源进入。共建粤港澳大湾区国际教育示范区。推进粤港澳职业教育在招生就业、培养培训、师生交流、技能竞赛等方面的合作,创新内地与港澳合作办学方式,支持各类职业教育实训基地交流合作,共建一批特色职业教育园区等。

三是扩大开放的层次,允许教育资源在粤港澳三地之间自由流动,使各类合作更加便利,港澳青年到内地学校就读,内地学生到港澳就读,提供更加方便的来往通行证件,实行相同的交通、旅游门票等。加强学校建设,扩大学位供给。跨区域就业人员的子女可随迁就读。推动实现平等接受学前教育、义务教育和高中阶段教育,确保符合条件的随迁子女顺利参加就读地高考。赋予在珠三角9市工作生活并符合条件的港澳居民子女与内地居民同等接受义务教育和高中阶段教育的权利。支持各级各类教育人才培训交流。对港澳和外资教育投资实行准入前国民待遇和负面清单管理等。

还有很重要的一点就是,要融入"一带一路"建设。要把粤港澳大湾区教育互联互通作为与"一带一路"相关国家民心相通的重要内容。要发挥粤港澳大湾区开放式教育通过"一带一路"教育路径推进民心相通的引领作用。共同引进世界知名大学和特色学院,共建世界一流大学和一流学科。

三、加强创新实现共享

创新和共享就是以创新为驱动,实现教育事业互利共赢。如果说改革是引领、接轨是途径,开放是导向、包容是内容,那么创新就是动能、共享就是目标。

共享就是体现以人民为中心的思想,把教育增进人民福祉、教育促进人的全面发展作为三地教育合作的出发点和落脚点,让教育合作和发展成果更多更公平惠及粤港澳三地全体人民,提高三地教育的保障水平,加大优质教育资源供给,促进教育公平正义,充分调动三地人民参与教育合作的积极性、主动性、创造性,使粤港澳大湾区的全体人民在教育合作与发展上的获得感、幸福感更加充实、更有保障、更可持续。

共享靠创新。创新是全方位、多方面的。主要有以下几点。

一是教育理念创新。粤港澳三地教育合作不能去政治化,要坚持正确的办学方向,既要全面贯彻中央政府的教育方针,又要体现"一国两制"的特点。聚焦办好粤港澳三地人民满意的教育,加快补齐粤港澳大湾区教育发展短板,解决好教育发展不平衡不充分问题。坚持学前教育公益普惠原则,提高保教质量。推动城乡义务教育一体化发展,深入实施义务教育薄弱环节改善与能力提升项目。对特殊教育和普及高中阶段教育予以保障。

二是教育方式创新。发挥网络教育和人工智能优势，加快发展面向每个人、适合每个人、更加开放灵活的教育体系，建设粤港澳三地普惠的学习型社会，构建服务全民终身学习的教育体系。

三是教育评价体系创新。评价教育合作的成效，除了看分数、看成绩、看文凭、看论文、看升学率、看教学科研成果，还要看品德修养，要增强粤港澳三地教育中的政治意识、国家意识、民族意识、历史意识、法治意识，构建覆盖粤港澳三地的家庭教育指导服务体系，推动德智体美劳全面发展。

四是教育保障体系创新。建设师德师风长效机制。完善中小学教师工资财政保障机制，落实教师地位待遇的各项举措。坚持教育优先发展，健全财政教育投入稳定增长的长效机制。落实和完善鼓励社会投入教育的政策，逐步提高社会教育投入占教育投入的比例。

总之，开展粤港澳大湾区教育合作，打造教育高地，必须通过改革接轨、开放包容、创新共享，推动教育合作高质量发展。以"汇聚、碰撞、变革"的努力，推进教育创新，提升中国力量。

（本文原为作者 2019 年 11 月 23 日在第二届粤港澳大湾区教育论坛上的演讲，收入时略有改动）

发挥举国体制优势，
创新海南自贸港建设

"十四五"时期是海南自由贸易港建设十分重要也十分关键的五年。未来五年，海南自由贸易港建设，毫无疑问既要接好"天线"，对标对表中央"十四五"规划的顶层设计精神并抓好贯彻落实，又要下接"地气"，密切结合海南当地实际，进一步解放思想，充分发挥广大干部群众干事创业的积极性和能动性，真抓实干。还要外接省外各种"外力"，充分借助省外和国际资源助推和加持自由贸易港建设。

一、要根据新形势新任务新要求，进一步深化对海南自由贸易港建设发展定位的认识

总的定位，2018 年 4 月 13 日习近平总书记在庆祝海南建省办经济特区 30 周年大会上的重要讲话、2020 年 6 月习近平总书记对海南自由贸易港建设作出的重要指示、2018 年 4 月发布的《中共中

央　国务院关于支持海南全面深化改革开放的指导意见》、2020年6月发布的《海南自由贸易港建设总体方案》等都作了详尽的阐述。"十四五"期间,自由贸易港建设要立足新发展阶段,坚持新发展理念,构建新发展格局,推动高质量发展。海南自由贸易港建设如何参与新发展格局构建,如何抓住构建新发展格局的历史契机,尽快实现自由贸易港建设突破性进展,就需要根据中央精神和海南实际,深入思考自贸港发展点线面的定位、机制和路径。

二、海南自由贸易港建设的定位需要细化聚焦

新的定位可否理解为:海南是全国的海南,而不仅仅是行政区划意义上的海南;海口市作为省会城市,毫无疑问是海南的海口。博鳌呢,可否把博鳌作为具有更多亚洲合作元素的博鳌?博鳌亚洲论坛不仅仅是一年一度的论坛,而是要成为不闭会、常规化的亚洲经贸合作交流平台,要在RCEP中扮演重要角色。现在东盟已经是中国最大贸易伙伴,博鳌要把以RCEP成员国为主体的亚洲资源充分吸引过来,成为聚合亚洲概念的开放新平台。三亚应成为国际的三亚,把三亚打造成面向世界具有浓郁国际化都市色彩的滨海城市,即带有明显"万国城"色彩的中国名片。其他市(县)也应各具特色,确定不同的定位。把这些特色鲜明的点用改革、开放、创新三条线串起来,就是面上立体的新格局。

三、要深入思考，"十四五"时期海南自由贸易港建设不仅要开好局起好步，更要进入发展快车道

如何进入快车道，还是要做足体制机制创新这篇大文章。可考虑，充分发挥我国新型举国体制的优势，集中力量办大事，举全国之力，整合国内国外两方面资源，国内国际两个循环相互促进，多力共推海南自由贸易港建设。2008 年四川汶川特大地震灾后迅速恢复重建，靠的就是举国之力；全国对口支援新疆发展，也是举国之力；实际上，当年深圳特区的建设靠的也是举国之力。因此，"十四五"期间，应考虑采用举全国之力、集中力量对口支援的方式建立相应机制，共建海南自由贸易港。比如可以考虑，北京对口海口、上海对口三亚、浙江对口博鳌、江苏对口洋浦，等等。国家有关部门也可采用定点帮扶办法定点海南一县一镇建设等。总之，既然海南自贸港在构建新发展格局中具有独特的重要意义，应当做成全国的自贸港，就应充分利用举国体制优势，举全国之力来建。又如若把三亚定位为"万国城"，就要吸引整合世界各国资源来共建。博鳌可以吸引整个亚洲的资源来共建。

四、"十四五"时期海南自由贸易港建设，必须坚持解放思想，坚持党的全面领导，坚持改革、开放、创新

要深化体制机制市场化改革，把市场配置资源的决定性作用真

正体现出来。要加大高水平的开放力度,充分体现出更大规模、更宽领域、更深层次,尤其是在制度型开放上取得实质性进展。要以创新为导向,不断求变求新,敢为天下先,敢闯敢试,勇开新局。常说,加快发展要"弯道超车"。细想,若能弯道超车固然好,但不妨考虑"换道超车""换车超车",也就是解放思想,换种思路,通过体制机制的创新,切实推动高质量、高水平的建设和发展。

（本文原为作者 2020 年 12 月 12 日在海南省"十四五"规划建议课题结题报告会上作为项目评审专家组组长发表的部分意见,收入时略有改动）

第三篇

「一带一路」篇

3

开放 合作 共赢

不忘初心，坚定前进，推动"一带一路"建设高质量发展

"一带一路"现在已经成为国际热词。下面就推进"一带一路"建设的有关情况讲几点意见。

一、溯古思今，高瞻远瞩，共建"一带一路"倡议借用历史符号应运而生

习近平主席指出，世界那么大，问题那么多，国际社会期待听到中国声音、看到中国方案。可以说，"一带一路"是穿越时空而来，连接起历史和现实。如何抓住机遇，推进中国新一轮高水平对外开放，怎样在合作中实现共赢，引领世界经济走出低谷？"一带一路"倡议，正是习近平主席勇立时代潮头，着眼各国共同发展作出的响亮回答。

2017 年 5 月 15 日，习近平主席在第一届"一带一路"国际合作高峰论坛圆桌峰会上的开幕辞中指出，"一带一路"倡议源于对世界

形势的观察和思考。在各国彼此依存、全球性挑战此起彼伏的今天，仅凭单个国家的力量难以独善其身，也无法解决世界面临的问题。只有对接各国彼此政策，在全球更大范围内整合经济要素和发展资源，才能形成合力，促进世界和平安宁和共同发展。

沿历史长河溯流而上，绵亘万里的古丝绸之路，留下无数宝贵遗产，赋予后人深刻启迪。古丝绸之路见证了"使者相望于道，商旅不绝于途"的盛况，迎来汉唐盛世，也推动了地区大发展、大繁荣。

陆上丝绸之路起源于西汉（约前202年—8年）汉武帝派张骞出使西域开辟的以首都长安（今西安）为起点，经甘肃、新疆，到中亚、西亚，并连接地中海各国的陆上通道。"海上丝绸之路"是古代中国与外国交通贸易和文化交往的海上通道，该路主要以南海为中心，所以又称南海丝绸之路。"海上丝绸之路"形成于秦汉时期，发展于三国至隋朝时期，繁荣于唐宋时期，转变于明清时期，是已知的最为古老的海上航线。

说到丝绸之路，不能不提两个人：一个是中国人，叫张骞。另一个是德国人，叫李希霍芬。

李希霍芬（1833—1905年），是德国地理学家、地质学家，曾任柏林国际地理学会会长、柏林大学校长、波恩大学地质学教授、莱比锡大学地理学教授等。虽然丝绸之路古已有之，但"丝绸之路"这个词却是李希霍芬最早提出来的。李希霍芬于1877年出版的《中国——亲身旅行和据此所作研究的成果》第一卷中首次提到"丝绸之路"一词。把从公元前114年至公元127年间，中国与中亚、中国与印度间以丝绸贸易为媒介的这条西域交通道路命名为"丝绸之路"，这一名词很快被学术界和大众所接受，并正式运用。

　　张骞(约前164—前114年)是丝绸之路的开拓者,也是中国汉代杰出的外交家、旅行家、探险家。张骞的历史功绩是出使西域。史学家司马迁称赞张骞出使西域为"凿空",意思是"开通大道"。

　　张骞出使西域不是去旅游,也不是去做买卖的,而是受汉武帝派遣去找一个叫大月氏的国家,联合起来夹击当时对汉朝构成很大威胁的北方劲敌匈奴的。张骞是军事使臣,共出使西域两次。

　　第一次出使西域很危险。建元元年(前140年),16岁的汉武帝刘彻即位,第二年即招募并派遣张骞率领100多人,从陇西(今甘肃临洮)出发,在西行穿过河西走廊时,不幸被匈奴抓获,被扣留和软禁起来。匈奴单于为软化、拉拢张骞,打消其出使大月氏的念头,进行了种种威逼利诱,还给张骞娶了匈奴的女子为妻。但张骞"不辱君命""持汉节不失",始终没有忘记汉武帝所交给自己的神圣使命,没有动摇为汉朝通使大月氏的意志和决心。张骞等人在匈奴一直被扣押了10年之久。一天,张骞趁匈奴人不备,果断地离开妻儿,带领其随从,逃了出来。历经千辛万苦,西行至大宛,经康居,好不容易找到大月氏,可情况发生了意想不到的变化。此时的大月氏几经迁徙,找到一块生活安定富足的地盘,已无意东还了。张骞等人在大月氏逗留了1年多,始终未能说服大月氏人与汉朝联盟,夹击匈奴。他们只好在元朔元年(前128年),动身返国。归途中,虽然为避开匈奴控制区,改变了行动路线,但不幸再次被匈奴所俘,又扣留了1年多。后乘匈奴内乱,张骞才逃回汉朝。这次去西域,九死一生,前后共历13年。向汉武帝详细报告了西域情况后,张骞被授以太中大夫,后又被封为博望侯。

　　第二次出使西域是9年后的公元前119年。这时,汉朝业已控制了河西走廊、积极进行汉武帝时对匈奴最大规模的一次战役。张骞率领 300 人组成的使团,到了乌孙,游说乌孙王东返,没有成功。他又分遣副使持节到了大宛、康居、月氏、大夏等国。4 年后的公元前 115 年回来,乌孙派使者几十人随同张骞一起到了长安。张骞回到汉朝后,拜为大行令,第二年死去。此后,汉朝派出的使者还到过波斯、印度、咸海与里海间诸国、埃及等。这些国家的使者也不断来长安访问和贸易。从此,汉朝与西域的交通建立起来。

张骞的远征,仅就预定出使西域的任务而论,是没有完成的。因为他未能达到同大月氏建立联盟、以夹攻匈奴的目的。如从其产生的实际影响和所起的历史作用而言,无疑是很大的成功。汉通西域,虽然起初是出于军事目的,但西域开通以后,出使西域的影响远远超出了军事范围。从西汉的敦煌,出玉门关,进入新疆地区,再从新疆连接中亚、西亚的一条横贯东西的通道,再次畅通无阻。这条通道,就是后世闻名的"丝绸之路"。"丝绸之路"把西汉同中亚许多国家联系起来,促进了它们之间的政治、经济、军事、文化交流。

二、加强学习,提高认识,认真领会共建"一带一路"倡议的深刻内涵

(一)"一带一路"倡议的提出及内涵的深化

2013 年 9 月,习近平主席在访问哈萨克斯坦期间首次提出建设丝绸之路经济带的倡议。2013 年以来,习近平总书记在多个场合多次就"一带一路"建设发表重要讲话并作出重要指示批示。深入推

进"一带一路"建设，做好"一带一路"建设各项工作，必须反复学习、深刻领会习近平总书记重要讲话和重要指示批示精神。

2018年12月，由中共中央党史和文献研究院编辑的《习近平谈"一带一路"》一书由中央文献出版社出版。该书收录了习近平总书记2013年9月到2018年7月期间论述"一带一路"建设的重要文稿42篇，并于2019年4月24日举行了英、法文版首发式。

2018年8月27日出席推进"一带一路"建设工作5周年座谈会、9月3日出席中非合作论坛北京峰会开幕式、11月5日出席首届中国国际进口博览会开幕式、12月18日出席庆祝改革开放40周年大会、12月19日至21日出席中央经济工作会议时，习近平总书记在讲话中都对"一带一路"建设作出论述。在2019年新年贺词中，习近平总书记指出，我们将积极推动共建"一带一路"，继续推动构建人类命运共同体，为建设一个更加繁荣美好的世界而不懈努力。2019年3月26日，习近平主席在巴黎出席中法全球治理论坛闭幕式的讲话中指出，"一带一路"倡议丰富了国际经济合作理念和多边主义内涵，为促进世界经济增长、实现共同发展提供了重要途径。我们欢迎世界各国积极参与到共建"一带一路"中来。

在2019年4月25日至27日举办的第二届"一带一路"国际合作高峰论坛上，习近平主席发表系列重要讲话，主要包括：开幕式上的主旨演讲、欢迎宴会上的祝酒辞、圆桌峰会上的开幕辞和记者会上的讲话。

在第二届"一带一路"国际合作高峰论坛开幕式上的主旨演讲中，习近平主席指出，共建"一带一路"倡议，目的是聚焦互联互通，深化务实合作，携手应对人类面临的各种风险挑战，实现互利共赢、共同发展。从亚欧大陆到非洲、美洲、大洋洲，共建"一带一路"为世界经济增长开辟了新空间，为国际贸易和投资搭建了新平台，为完善全球经济治理拓展了新实践，为增进各国民生福祉作出了新贡献，成为共同的机遇之路、繁荣之路。事实证明，共建"一带一路"不仅为世界各国发展提供了新机遇，也为中国开放发展开辟了新天地。共建"一带一路"，顺应经济全球化的历史潮流，顺应全球治理体系变革的时代要求，顺应各国人民过上更好日子的强烈愿望。这是共建"一带一路"的重要意义。

在第二届"一带一路"国际合作高峰论坛欢迎宴会上的祝酒辞中，习近平主席指出，世界文明的魅力在于多姿多彩，人类进步的要义在于互学互鉴。千百年来，古丝绸之路见证了沿线国家在互通有无中实现发展繁荣，在取长补短中绽放灿烂文明。面对当今世界的各种挑战，我们应该从丝绸之路的历史中汲取智慧，从当今时代的合作共赢中发掘力量，发展全球伙伴关系，开创共同发展的光明未来。经过各方共同努力，共建"一带一路"蓝图初步绘就，成果逐渐呈现。在这一过程中，来自不同国家的朋友相识相知，结成了紧密的合作伙伴。

在第二届"一带一路"国际合作高峰论坛圆桌峰会上的开幕辞中，习近平主席指出，我们再次举行高峰论坛，就是希望同各方一道，绘制精谨细腻的"工笔画"，让共建"一带一路"走深走实，更好造福各国人民。我们期待同各方一道，完善合作理念，着力高质量共建"一带一路"。我们期待同各方一道，明确合作重点，着力加强全方位互联互通。我们期待同各方一道，强化合作机制，着力构建互联互通伙伴关系。

在第二届"一带一路"国际合作高峰论坛记者会上的讲话中，习近平主席指出，共建"一带一路"应潮流、得民心、惠民生、利天下。这届论坛对外传递了一个明确信号：共建"一带一路"的朋友圈越来越大，好伙伴越来越多，合作质量越来越高，发展前景越来越好。共建"一带一路"倡议源于中国，机会和成果属于世界。共建"一带一路"是一项长期工程，是合作伙伴们共同的事业。

习近平主席的系列重要讲话深刻阐释了共建"一带一路"的重要意义、指导原则、内涵理念、目标路径等，为"一带一路"建设高质量发展、走深走实、行稳致远指明了正确方向，勾画了宏伟蓝图，提供了重要遵循。

（二）第二届"一带一路"国际合作高峰论坛成果丰硕

第二届"一带一路"国际合作高峰论坛举世瞩目、成果丰硕、意义重大，取得圆满成功，成为共建"一带一路"的重要里程碑。习近平主席主持或出席论坛相关活动并发表重要讲话，引起与会各国政要、国际组织主要负责人、参会国内外嘉宾的热烈反响，在全球范围内引起广泛关注。认真学习贯彻习近平主席在这次论坛上的重要讲话精神，抓好这次论坛确定的各项成果和任务的落实，是当前和今后一个时期推进"一带一路"建设的重要任务。

1. 规模空前

一是内容丰富。第二届"一带一路"国际合作高峰论坛期间举行了高峰论坛开幕式、领导人圆桌峰会、高级别会议、12 场分论坛和 1 场企业家大会。2017 年 5 月召开的首届"一带一路"国际合作高峰论坛有 6 场平行主题会议，分别是政策沟通、设施联通、贸易畅通、资金融通、民心相通和智库交流。第二届"一带一路"国际合作高峰论坛在保留原有 6 场分论坛的基础上,又新增了廉洁丝绸之路、数字丝绸之路、绿色之路、创新之路、境外经贸合作区、地方合作等 6 场新的分论坛。企业家大会是第二届"一带一路"国际合作高峰论坛的创新安排。80 多个国家和地区的政府官员、国际组织和机构代表、商协会代表、中外知名企业家共 800 多人出席。

二是政要众多。包括中国在内,38 个国家的元首和政府首脑等领导人以及联合国秘书长和国际货币基金组织总裁共 40 位领导人出席第二届"一带一路"国际合作高峰论坛领导人圆桌峰会。

三是嘉宾云集。来自 150 个国家、92 个国际组织的 6000 余名外宾参加了第二届"一带一路"国际合作高峰论坛。参加首届"一带一路"国际合作高峰论坛的是来自 140 多个国家、80 多个国际组织的 1600 多名代表。所以,第二届"一带一路"国际合作高峰论坛不仅是我国 2019 年最重要的主场外交,而且可以说是新中国成立以来我国规模最大的主场外事活动之一。

四是主题鲜明。第二届"一带一路"国际合作高峰论坛主题是:共建"一带一路"、开创美好未来。与会各方在开幕式、高级别会议、圆桌峰会、分论坛、企业家大会等场合的演讲和致辞中,围绕主题深入交换意见,普遍认为"一带一路"是机遇之路、发展之路、繁荣之路、希望之路。与会外方领导人及国际组织负责人称赞共建"一带一路"倡议是当今世界最伟大的经济合作倡议之一,有利于推动国家间和地区间的互联互通,有利于促进贸易、投资、基础设施建设、可持续发展等领域合作,有利于增进沿线地区人民的相互了解。与会领导人积极评价共建"一带一路"合作以来取得的丰硕成果以及为各国带来的实实在在的利益、为国际发展合作作出的重要贡献。与会各方祝贺中华人民共和国成立 70 年来经济社会发展取得的巨大成功。与会各方表示，习近平主席在第二届"一带一路"国际合作高峰论坛开幕式上的演讲引发国际社会极大反响，习近平主席宣布中国将采取的一系列重大改革开放举措释放了非常积极的信号，将有力推进共建"一带一路"合作和世界经济发展。与会各方高度赞赏中方为举办第二届"一带一路"国际合作高峰论坛所做努力，表示愿将各自国家发展战略同共建"一带一路"倡议对接，期待同中方携手推动"一带一路"建设取得更多成果，惠及世界更多人民。

五是共识广泛。与会各方就高质量共建"一带一路"达成广泛共识。与会各方高度认可、普遍赞同习近平主席在开幕式主旨演讲中强调的：共建"一带一路"要向高质量发展，要秉持共商共建共享原则，坚持开放、绿色、廉洁理念，实现高标准、惠民生、可持续目标。这些重要内容完整写入了经出席圆桌峰会的各国元首、政府首脑和重要国际组织负责人共同通过的联合公报。这是共建"一带一路"理念的拓展与升华，将引领各方更好地绘制精谨细腻的"工笔画"，让共建"一带一路"惠及天下，让各国人民普遍受益。

六是元首效应。在第二届"一带一路"国际合作高峰论坛召开期间，参会各国元首、政府首脑和重要国际组织负责人的主导作用十分突出。来华与会的国家均与中国保持着友好关系，都是共建"一带一路"的伙伴。这次高峰论坛期间，习近平主席为多位外国领导人访华举行国事活动，并举行了数十场密集的双边会见，实现了全覆盖，中国同与会各国巩固了友好关系、深化了合作。可以说，举办第二届"一带一路"国际合作高峰论坛，既推动了共建"一带一路"合作,又促进了中国同各国双边关系的发展。

2. 成果丰硕

一是发布联合公报。第二届"一带一路"国际合作高峰论坛领导人圆桌峰会一致通过联合公报,联合公报由引言(7 条)、加强发展政策对接(8 条)、加强基础设施互联互通(6 条)、推动可持续发展(4 条)、加强务实合作(7 条)、加强人文交流(4 条)、下一步工作(2 条)7 部分共 38 条和附件组成。联合公报的主要内容是构建全球互联互通伙伴关系,推动联动发展。习近平主席在第二届"一带一路"国际合作高峰论坛上强调,共建"一带一路",关键是互联互通。我们应该构建全球互联互通伙伴关系,实现共同发展繁荣。与会各方对此普遍予以支持,同意在伙伴关系引领下,本着多边主义精神,合力推进全方位互联互通,建设高质量、可持续、抗风险、价格合理、包容可及的基础设施,并加强各国政策、规则和标准的"软联通"。各方期待就此同中方深化合作,支持"一带一路"同各国发展战略有效对接,与区域和国际发展议程相互融合。

二是形成大量成果清单。作为东道主,中方牵头汇总了各方达成的具体成果,形成了一份 6 大类 283 项的成果清单,包括:(1)中方打出的举措或发起的合作倡议 26 项;(2)在高峰论坛期间或前夕签署的多双边合作文件 42 项;(3)在高峰论坛框架下建立的多边合作平台 27 项;(4)投资类项目及项目清单 17 项;(5)融资类项目 4 项;(6)中外地方政府和企业开展的合作项目若干项。每项里又包括若干小项,共 283 项。首届"一带一路"国际合作高峰论坛成果是 5 大类 279 项,至第二届"一带一路"国际合作高峰论坛召开前已全部落实。

三是分论坛产生众多成果。12 场分论坛分别推动、宣传、展示一大批成果，包括双边共建"一带一路"谅解备忘录、合作规划，产能和第三方市场合作、项目清单等。

（1）政策沟通分论坛。主题为"深化合作共识，推动'一带一路'高质量发展"。论坛共形成 60 多项高含金量成果，包括发布《共建"一带一路"倡议：进展、贡献与展望》7 种外文版，与多个国家和国际组织签署共建"一带一路"、产能合作、第三方市场合作等领域文件，并推动了一批务实合作项目。

（2）设施联通分论坛。主题为"安全畅通　智能高效"。聚焦更高质量互联互通深入交流，认为设施联通已进入全面务实合作新阶段，并就交通、能源、电信等领域签署 35 项双多边谅解备忘录、合作意向书、投资协议、合作项目。

（3）贸易畅通分论坛。主题为"开放包容，创新引领，深化'一带一路'贸易畅通合作"。与会嘉宾积极肯定"一带一路"合作在经贸领域取得的重要成果，并表示在单边主义、贸易保护主义抬头的背景下，期待进一步深化全方位经贸合作，推动"一带一路"贸易畅通向高质量发展。

（4）资金融通分论坛。主题为"完善政策标准体系，推进可持续融资"。论坛在围绕主题深入探讨、达成多项共识的同时，达成一系列成果，包括财政部正式发布《"一带一路"债务可持续性分析框架》，联合亚洲基础设施投资银行等 8 家国际机构共同设立多边开发融资合作中心等。

（5）民心相通分论坛。主题为"共促民心相通，共话民生合作，共创美好生活"。总结了"一带一路"建设在民心相通领域取得的成果,研商规划未来重点发展方向。论坛启动了"丝路一家亲"行动,推动沿线各国社会组织共同开展民生领域合作。来自沿线国家的普通民众代表还现场分享了参与民心相通的感人故事。

（6）智库交流分论坛。主题为"共享人类智慧,共促全球发展"。参会嘉宾分为智库、媒体两个组别,围绕"一带一路"规划共商对接、国际规则体系共建、全球经济包容普惠共享发展和共同构建人类命运共同体等议题,特别是如何发挥智库在共建"一带一路"中的独特优势,进行了热烈讨论。

（7）廉洁丝绸之路分论坛。主题为"共商共建共享廉洁丝绸之路"。探讨建设风清气正的营商环境,提升企业廉洁合规经营能力,共建"一带一路"反腐败和法治交流合作平台。论坛上,中国与有关国家、国际组织以及工商学术界代表共同发起《廉洁丝绸之路北京倡议》,并签署系列反腐败合作谅解备忘录。

（8）数字丝绸之路分论坛。主题为"共建 21 世纪数字丝绸之路"。围绕坚持创新驱动发展,加强在数字经济、人工智能、纳米技术、量子计算机等前沿领域合作,推动大数据、云计算、智慧城市建设等领域展开深入讨论。来自 8 个国家的 15 家企业就 8 个新签约合作项目进行了文本交换。

（9）绿色之路分论坛。主题为"建设绿色'一带一路',携手实现2030 年可持续发展议程"。论坛宣告"一带一路"绿色发展国际联盟正式成立,为"一带一路"绿色发展合作打造了政策对话和沟通平台、环境知识和信息平台、绿色技术交流与转让平台。论坛还正式启动了"一带一路"生态环保大数据服务平台,发布了绿色高效制冷行动倡议、绿色照明行动倡议和绿色"走出去"行动倡议。

（10）创新之路分论坛。主题为"携手创新，共创未来"。提出要更好对接发展需求，广聚创新要素资源，将"一带一路"创新之路建设提升到更高水平。

（11）境外经贸合作区分论坛。主题为"携手共建境外经贸合作区，推动'一带一路'国际投资合作"。论坛达成共识，表示今后可重点在政策对接、规划引导、融资创新、服务便利上加强合作，为境外经贸合作区健康有序发展创造新的更大空间。

（12）地方合作分论坛。主题为"深化地方合作，共享发展成果"。论坛见证了14项中外地方合作协议的签署，涉及友城结好、人文交流、经贸合作等多个方面，传递出各方合力加强"一带一路"地方合作、携手推动构建人类命运共同体的积极信号。

四是搭建新平台。（1）中国同有关国家签署了中缅经济走廊、中泰铁路等一系列政府间务实合作协议，各方共同发起并设立了"一带一路"共建国家标准信息平台、"一带一路"应对气候变化南南合作计划等合作机制，各国企业就开展产能与投资合作项目达成众多协议，中国同意大利等国共同设立新型合作基金、开展第三方市场投融资项目。（2）论坛期间，各方发布了一系列高质量的合作倡议和报告。中方发布了《共建"一带一路"倡议：进展、贡献与展望》，对5年多来共建"一带一路"走过的历程作出全方位回顾，提出下一步高质量发展的意见和建议。由国际知名人士组成的高峰论坛咨询委员会向高峰论坛提交了政策建议报告，分析研究"一带一路"合作对改善互联互通、促进世界经济增长以及落实2030年可持续发展议程的积极作用，并就未来"一带一路"合作重点和高峰论坛发展方向提出政策建议。（3）中外企业对接洽谈并签署合作协议，总金额640

多亿美元,展现了"一带一路"带来的巨大商机。(4)达成了包括建设中国塞尔维亚友好工业园区,开展中国阿联酋产能合作示范园产业及科技合作,建设"一带一路"迪拜站物流商贸综合体等多个具有带动作用的合作项目。(5)论坛期间,各方在继续开展双边合作、三方合作的同时,还在中欧班列、港口、金融、海关、会计、税收、能源、环保、文化、智库、媒体等领域发起成立 20 多个"一带一路"多边对话合作平台,包括成立"海上丝绸之路"港口合作机制,设立"一带一路"绿色发展国际联盟、国际科学组织联盟、"一带一路"国际智库合作委员会等。

这些成果表明,共建"一带一路"顺应了时代发展进步的潮流,体现了合作共赢的特色;充分说明,共建"一带一路"应潮流、得民心、惠民生、利天下。

3. 意义深远

"一带一路"国际合作高峰论坛是共建"一带一路"框架下最高规格的国际合作平台,着眼于为共建"一带一路"凝聚国际共识,规划合作蓝图,推动务实合作。第二届"一带一路"国际合作高峰论坛的意义主要有 5 个方面。

一是深刻阐释了推动全球治理格局和治理体系变革的中国方案。当今世界正经历百年未有之大变局,不确定不稳定因素增多。经济全球化遭遇波折,世界经济增长乏力,保护主义、单边主义抬头。论坛上,各方领导人共同表明了反对保护主义和单边主义的明确态度,达成了大力推进互联互通,挖掘经济增长动力,推动可持续发展的政治共识。明确提出要推动贸易和投资自由化便利化,支持开放、包容、以规则为基础的多边贸易体制。各方在论坛期间建立的"一带一路"多边对话合作平台，是在以实际行动构建开放型世界经济，践行多边主义的理念。

二是进一步丰富了共建"一带一路"倡议的内涵。论坛重申将坚持共商共建共享原则，由各方平等协商、责任共担、共同受益，欢迎所有感兴趣的国家都参与进来。一致支持开放、廉洁、绿色发展，反对保护主义，努力建设风清气正、环境友好的新时代丝绸之路。一致同意践行高标准、惠民生、可持续理念，积极对接普遍接受的国际规则标准，坚持以人民为中心的发展思想，走经济、社会、环境协调发展之路。共同目标是：携手努力让各国互联互通更加有效，经济增长更加强劲，国际合作更加密切，人民生活更加美好。

三是为深化"一带一路"全方位对接合作指明了方向。习近平主席提出高质量共建"一带一路"，成为贯穿第二届"一带一路"国际合作高峰论坛的鲜明主线。这是推动世界经济强劲和包容增长的现实需要，是中国经济进入高质量发展阶段的自然延伸，是"一带一路"建设从"大写意"到"工笔画"的必然选择。论坛期间，与会各方围绕绘制精谨细腻的"一带一路"工笔画，开展全方位对接合作，进一步明确了合作重点和路径。各方都认为，要着眼更深入的务实合作、更开放的联动发展、更广泛的互利共赢。要以高质量基础设施建设和产业合作为重点，解决好金融支撑、投资环境、风险管控、民心相通等关键问题。要为此建立工作机制、完善配套支持，形成更多可视化成果。这标志着共建"一带一路"重心进一步下沉，重点进一步明确，规划将更加科学，着力将更加精准，开始迈上走深走实的新征程。

四是为中国深化改革、扩大开放、高质量发展开辟了新空间。"一带一路"同中国的改革开放相辅相成、相互促进。共建"一带一路"体现了中国推进全方位开放格局的决心,而中国改革开放的深化又为共建"一带一路"注入了源源不断的动力。习近平主席在第二届"一带一路"国际合作高峰论坛开幕式上宣布,中国将采取一系列重大改革开放举措,包括在更广领域扩大外资市场准入、更大力度加强知识产权保护国际合作、更大规模增加商品和服务进口、更加有效实施国际宏观经济政策协调、更加重视对外开放政策贯彻落实等。这些开放举措,是根据中国改革开放需要作出的自主选择,同时也将为共建"一带一路"和各国共同繁荣提供更多、更大的机遇。事实证明,共建"一带一路"不仅为世界各国发展提供了新机遇,也为中国形成全面开放新格局、国民经济高质量发展注入了新动能。

五是再次强有力地向世界传递了中国声音。第二届"一带一路"国际合作高峰论坛再度在国际上掀起"一带一路"热潮,使中国又一次成为全球舆论关注的焦点。世界各大媒体对高峰论坛进行了全方位报道,论坛盛况和共建"一带一路"的好声音、好故事占据多家媒体头版头条。与会各国领导人、国际组织负责人接受专访,高度评价"一带一路"倡议给世界各国带来的机遇,赞赏高峰论坛是开放、包容的国际合作平台,认同"一带一路"与联合国 2030 年可持续发展议程高度契合。各方还充分肯定新中国成立 70 年来,特别是改革开放 40 多年来经济社会的发展成就,认为中国只用了几十年时间就将一个积贫积弱的国家建设成为世界第二大经济体,发展中国家可以通过共建"一带一路"借鉴中国有益经验,实现经济发展和民生改善。

第二届"一带一路"国际合作高峰论坛的成功举办,是习近平外交思想的成功实践,生动体现了中国理念、中国方案、中国故事、中国声音的国际感召力和影响力，集中凝聚了世界各国开放发展、合作共赢，共同构建人类命运共同体的共同愿望，使共建"一带一路"倡议在国际上更加深入人心。

三、夯基垒台，立柱架梁，推进"一带一路"建设取得了重要进展和明显成效

2013 年以来，"一带一路"建设从无到有，由点及面，从理念转化为行动，从愿景转变为现实。在"政策沟通、设施联通、贸易畅通、资金融通、民心相通"五大领域取得重要进展和明显成效。

（一）在政策沟通方面

共建"一带一路"国际共识持续扩大。共建"一带一路"倡议及其核心理念已数次写入联合国等重要国际机制成果文件。截至2020 年 10 月底，已有 138 个国家和 31 个国际组织与中国签署了201 份共建"一带一路"合作文件，商签范围由亚欧地区延伸至非洲、拉美、南太、西欧等相关国家。规划对接方面，推动与有合作基础、合作体量大、合作意愿强烈的国家联合制定合作规划。共建"一带一路"倡议的广泛国际共识还突出体现在"一带一路"国际合作高峰论坛上。首届论坛 2017 年 5 月在北京举办，当时有 29 位外国元首、政府首脑以及 3 位重要国际组织负责人出席，140 多个国家和 80 多个国际组织的 1600 多名代表参会，形成了 5 大类 270 多项具体成果，在第二届"一带一路"国际合作高峰论坛举办前已全部落实，落实率

达到 100%。第二届"一带一路"国际合作高峰论坛期间,有关国家和国际组织还在交通、税收、贸易、审计、科技、文化、智库、媒体等领域同中方签署了 100 多项多双边合作文件,一些国家和国际金融机构同中方签署了开展第三方市场合作文件。

(二) 在设施联通方面

聚焦"六廊六路多国多港"主骨架,推动一批标志性项目取得实质性进展。构建"陆海天网"四位一体互联互通体系。中老铁路、中泰铁路、雅万高铁、匈塞铁路等扎实推进。瓜达尔港、汉班托塔港、比雷埃夫斯港、哈利法港等进展顺利。空中丝绸之路建设加快,截至 2019 年 3 月,已与 45 个沿线国家实现直航。加大能源资源通信设施合作力度,截至 2018 年 11 月,签署能源资源合作协议 100 多份,新增双多边合作机制 70 多个。中巴经济走廊,截至 2018 年底,走廊框架下已启动或建成项目 19 个,总投资近 200 亿美元;交通建设项目已启动 3 个,喀喇昆仑公路省级改造二期、卡拉奇至白沙瓦高速、拉合尔橙线稳步推进。中欧班列建设,截至 2021 年 6 月,累计开行数量突破 4 万列,到达欧洲 22 个国家的 160 多个城市。开行质量显著提升,综合重箱率达 99%。

(三) 在贸易畅通方面

经贸投资合作不断扩大,积极提升贸易便利化水平。2013—2018 年,我国与"一带一路"沿线国家货物贸易总额超过 6 万亿美元,中国企业对"一带一路"沿线国家直接投资超过 900 亿美元。2020 年 11 月 5 日至 10 日,第三届中国国际进口博览会在线上和线下同时举办，吸引了 180 多个国家、地区和国际组织的 3800 多家行业企业参加，累计意向成交 726.2 亿美元。促进双向投资升级，与 50 多个沿线国家签署双边投资协定。加强国际产能合作，已与 40 多个重点国家签署产能合作协议并建立了双边产能合作机制。推动境外合作园区建设，截至 2018 年底，在沿线 24 个国家建设合作区 82 个，累计投资 290 亿美元，入区企业近 4000 家，上缴东道国税费超过 20 亿美元，为当地创造 24.4 万个就业岗位。中白工业园、中阿（联酋）产能合作园区、中埃苏伊士经贸合作区、中埃塞东方工业园、中印尼青山工业园、中马"两国双园"（中马钦州、马中关丹）、泰中罗勇工业园、西哈努克港经济特区等建设和发展势头良好。

（四）在资金融通方面

建设多元化投融资体系。我国金融机构围绕推动构建长期、稳定、可持续、风险可控的多元化融资体系，为"一带一路"建设项目提供充足、安全的资金保障。设立丝路基金、发起成立亚洲基础设施投资银行，推动开发性、政策性、商业性银行和保险机构等为"一带一路"建设项目提供资金支持。截至 2019 年 9 月末，国家开发银行在沿线国家国际业务余额超 1600 亿美元。截至 2019 年 6 月底，中国出口信用保险公司在沿线国家累计实现保额约 7704 亿美元，丝路基金实际出资额近 100 亿美元。截至 2019 年底，中投公司在沿线及相关国家投资约 281 亿美元；已与 21 个沿线国家建立了双边本币互换安排。加强法律风险防控，启动建立"一带一路"国际商事争端解决机制和机构。

（五）在民心相通方面

人文交流合作不断深入。2013 年至 2018 年 8 月底,已与沿线国家签署 76 份双边文化、旅游合作文件,在沿线国家建成 16 个文化中心。加强科技教育合作,推进"一带一路"科技创新合作。截至 2018 年 12 月,在 53 个沿线国家设立了 140 所孔子学院和 135 个孔子课堂。援助等有关领域合作取得一系列成果。

通过共建"一带一路"合作,非洲东部有了第一条高速公路,马尔代夫有了第一座跨海大桥,白俄罗斯第一次有了自己的轿车制造业,哈萨克斯坦第一次有了自己的出海通道,东南亚正在修建高速铁路。蒙内铁路在肯尼亚被称为"世纪工程",建成通车后已拉动经济增长 1.5 个百分点,为当地创造了近 5 万个就业岗位。长达 19 公里的乌兹别克斯坦卡姆奇克隧道,仅用 900 天时间即打通,使偏远地区的人民仅用 900 秒就可以坐火车穿越崇山峻岭。2016 年至 2019 年 8 月,中巴经济走廊 8 个能源项目已全部竣工,向巴基斯坦国家电网提供超过 3640 兆瓦的能源。2018 年,希腊比雷埃夫斯港集装箱吞吐量全球排名由合作前的第 93 位上升到第 36 位,成为全球发展最快的集装箱港口,此类可圈可点的案例还有许多。世界各国尤其沿线发展中国家都实实在在受益或看到了这些成就。

四、深刻认识,积极应对,认真把握新形势下推进"一带一路"建设面临的风险与挑战

总的来讲,当今世界面临百年未有之大变局,不稳定不确定因素

增多,不但要提防"黑天鹅"事件,而且要警惕"灰犀牛"事件。2019年1月21日,习近平总书记在省部级主要领导干部坚持底线思维着力防范化解重大风险专题研讨班开班式上的重要讲话中指出,当前,世界大变局加速深刻演变,全球动荡源和风险点增多,我国外部环境复杂严峻。

从"一带一路"建设的角度看,有利的一面是,"一带一路"倡议、构建人类命运共同体、"三共"(共商、共建、共享)、"五通"(政策沟通、设施联通、贸易畅通、资金融通、民心相通)等理念以及形成的一大批实实在在的成果日益深入人心,得到了世界绝大多数国家和民众的普遍支持。国际上对我有利的因素正在加快集聚,机遇前所未有。比如,英、法、德、意等西方发达国家以及日本、韩国等周边国家对"一带一路"建设的态度发生很大变化,正面声音和积极因素在增多。同时,我们也要充分认识到,当前民粹主义和逆全球化思潮有所抬头,保护主义和单边主义对世界经济的负面影响逐步显现,"一带一路"建设所面临的挑战也前所未有。

第一,中美经贸摩擦的长期性和复杂性对推进"一带一路"建设产生不可低估影响。美国2018年以来持续升级经贸摩擦,外溢影响领域和范围逐步扩大。尽管目前形势有所缓和,但中美经贸合作还存在很多的不确定性,"打打停停""边谈边打"有可能持续很长一段时间。为应对中美经贸摩擦,一方面,我们应与"一带一路"沿线国家,尤其是经中亚、西亚延伸至欧洲,以及经我国南海抵达南太平洋的国家加强合作,加快开拓出口替代市场和应对经贸摩擦的战略腾挪空间,推进出口市场多元化,减轻对美国市场的依赖性。另一方面,我们也要从战略高度和长远角度,正确处理中美经贸关系,坚持底线思维,保持政治和战略定力,增进沟通理解,扩大利益契合点,寻求合作最大公约数,努力推动美国由"防范牵制"思维向"合作共赢"行动转变。

第二,全球经济下行压力加大了"一带一路"建设的现实困难和隐性风险。新冠肺炎疫情全球蔓延,导致世界经济深度衰退,金融市场持续动荡,产业链供应链运行受阻甚至暂时中断,特别是单边主义、保护主义、本国优先主义借机大行其道,对"一带一路"建设形成干扰。

对于上述风险和挑战,我们既要保持清醒,又要有足够的定力。正像习近平主席在第二届"一带一路"国际合作高峰论坛欢迎宴会上的祝酒辞中指出的,共建"一带一路"正在发展之中,肯定会遇到一些困难和曲折。无论是顺境还是逆境,无论前方是坦途还是荆棘,我们都要弘扬伙伴精神,不忘合作初心,坚定不移前进。我们都应该抱有这样一个信念:各国人民都应该拥有一个更加美好的未来,共建"一带一路"一定会迎来一个更加美好的世界。

五、深耕细作、奋发有为,精心绘制精谨细腻的"一带一路"建设"工笔画"

如果说过去的几年是谋篇布局、夯基垒台、立柱架梁的"大写意",那么可以说,以第二届"一带一路"国际合作高峰论坛为重要里程碑,"一带一路"建设进入了聚焦重点、深耕细作,绘制精谨细腻"工笔画"的高质量发展新阶段。正像习近平主席在第二届"一带一路"国际合作高峰论坛圆桌峰会上的开幕辞中指出的,我们再次举行高峰论坛,就是希望同各方一道,绘制精谨细腻的"工笔画",让共建"一带一路"走深走实，更好造福各国人民。我们期待同各方一道，完善合作理念，着力高质量共建"一带一路"。我们期待同各方一道，明确合作重点，着力加强全方位互联互通。我们期待同各方一道，强化合作机制，着力构建互联互通伙伴关系。

要秉持共商共建共享原则，要坚持开放、绿色、廉洁理念，要努力实现高标准、惠民生、可持续目标。推动共建"一带一路"走深走实，开创更加美好的未来。我们要以习近平主席重要讲话精神为指导，弘扬以和平合作、开放包容、互学互鉴、互利共赢为核心的丝路精神，砥砺前行，奋发有为，把"一带一路"建设成为和平之路、繁荣之路、开放之路、绿色之路、创新之路、文明之路、廉洁之路，最终实现构建人类命运共同体的远大目标。

（一）建设和平之路

和平安全是推进共建"一带一路"的基本前提和保证。推动各国树立共同、综合、合作、可持续的安全观，营造共建共享的安全格局。一要坚持以对话解决争端、以协商化解分歧，以沟通增进合作互信，以坦诚减少相互猜疑。二要推动各国摒弃冷战思维、零和游戏和强权政治，坚决反对恐怖主义、分裂主义、极端主义。三要深化在网络安全、打击跨国犯罪、打击贩毒、联合执法、安全保卫等方面的合作。四要共同构建争端解决机制，共同建立安全风险预警防控机制，共同制定应急处置工作机制。

（二）建设繁荣之路

共建"一带一路"，关键是互联互通。通过构建全球互联互通伙伴关系,实现共同发展繁荣。基础设施是互联互通的基石,也是许多国家发展面临的瓶颈。建设高质量、可持续、抗风险、价格合理、包容可及的基础设施,有利于各国充分发挥资源禀赋,更好融入全球供应链、产业链、价值链,实现联动发展。一要构建以新亚欧大陆桥等经济走廊为引领,以中欧班列、陆海新通道等大通道和信息高速路为骨架,以铁路、港口、管网等为依托的互联互通网络。二要高质量推进一批基础设施和产能合作重大项目建设,兼顾项目经济效益、社会效益,形成更多可视性成果。三要继续发挥共建"一带一路"专项贷款、丝路基金、各类专项投资基金的作用,发行丝路主题债券,支持多边开发融资合作中心有效运作。四要推动多边和各国金融机构参与共建"一带一路"投融资,鼓励开展第三方市场合作,通过多方参与实现共同受益的目标。五要加大规划政策、标准规则、执法监管的对接力度,推进政策、规则、标准三位一体的"软联通",进一步提升通关便利化水平。

(三) 建设开放之路

要深化经贸投资合作,进一步推进贸易和投资自由化便利化,旗帜鲜明地反对保护主义,推动经济全球化朝着更加开放、包容、普惠、平衡、共赢的方向发展。一要同更多国家商签高标准自由贸易协定,加强海关、税收、审计监管等领域合作,建立共建"一带一路"税收征管合作机制,加快推广"经认证的经营者"国际互认合作。二要落实好已制定的《"一带一路"融资指导原则》,以发布的《"一带一路"债务可持续性分析框架》,为共建"一带一路"融资合作提供指南。三是举办第四届中国国际进口博览会,为各方进入中国市场搭建更广阔平台。四要更加重视对外开放政策贯彻落实，高度重视履行同各国达成的多边和双边经贸协议。五要加强法治政府、诚信政府建设，建立有约束的国际协议履约执行机制。六要按照扩大开放的需要修改完善法律法规，在行政许可、市场监管等方面规范各级政府行为，清理废除妨碍公平竞争、扭曲市场的不合理规定、补贴和做法，公平对待所有企业和经营者，完善市场化、法治化、便利化的营商环境。七要围绕六大国际合作经济走廊建设，提升经贸合作水平，打造经贸合作新的增长点。八要加强境外合作园区建设。九要规范企业海外经营行为，指导监督走出去企业有序参与"一带一路"建设，支持行业商会、协会发挥统筹协调作用，防止出现无序竞争等乱象。

（四）建设绿色之路

坚持推进可持续发展。一是启动了"一带一路"绿色发展国际联盟和生态环保大数据服务平台，同各方共建"一带一路"可持续城市联盟，发布了绿色"一带一路"倡议和《"一带一路"绿色发展案例研究报告》，制定了《"一带一路"绿色投资原则》①。二要重点加强

---

①　2018 年 11 月 30 日，中英绿色金融工作组第三次会议在伦敦举行，中国金融学会绿色金融专业委员会（以下简称"绿金委"）与"伦敦金融城绿色金融倡议"在会议期间共同发布了《"一带一路"绿色投资原则》。依据 2017 年底第九次中英经济财金对话达成的成果，绿金委与伦敦金融城牵头多家机构共同参与了原则的起草工作。该原则在现有责任投资倡议基础上，将低碳和可持续发展议题纳入"一带一路"倡议，以提升投资环境和社会风险管理水平，进而推动"一带一路"投资的绿色化。作为一套鼓励投资企业自愿参加和签署的行为准则，该原则从战略、运营和创新 3 个层面制定了 7 条原则性倡议，包括公司治理、战略制定、项目管理、对外沟通，以及绿色金融工具运用等，供参与"一带一路"投资的全球金融机构和企业在自愿基础上采纳和实施。

在应对气候变化、海洋合作、荒漠化防治等方面的国际交流合作。三要重视鼓励企业、科研机构在国际上开展节能环保等方面研发合作。四要加强能源资源有效利用、污染防治等领域的交流合作。五要积极宣介"绿色丝绸之路"和我国在减贫、环境治理等领域取得的重要成果,开展环境保护宣传教育合作,将可持续发展理念融入项目选择、实施、管理的方方面面。六要致力于为发展中国家营造更多发展机遇和空间,帮助他们摆脱贫困,实现可持续发展。七是发起了"关爱儿童、共享发展,促进可持续发展目标实现"合作倡议。八要继续实施绿色丝路使者计划,并同有关国家一道,实施"一带一路"应对气候变化南南合作计划。此外,还要深化农业、卫生、减灾、水资源等领域的合作。

(五) 建设创新之路

持续提升创新能力开放合作水平,以创新思维推进"一带一路"建设,重视在对外合作的机制、模式、平台和产业技术等方面的创新。顺应第四次工业革命发展趋势,共同把握数字化、网络化、智能化发展机遇,共同探索新技术、新业态、新模式,探寻新的增长动能和发展路径,建设数字丝绸之路、创新丝绸之路。一要继续实施共建"一带一路"科技创新行动计划,同各方一道推进科技人文交流、共建联合实验室、科技园区合作、技术转移四大举措。二要积极实施创新人才交流项目,支持中外方创新人才开展交流、培训、合作研究。三要支持各国企业合作推进信息通信基础设施建设,提升网络互联互通水平。

（六）建设文明之路

积极架设不同文明互学互鉴的桥梁，深入开展教育、科学、文化、体育、旅游、卫生、考古等各领域人文合作，加强议会、政党、民间组织往来，密切妇女、青年、残疾人等群体交流，形成多元互动的人文交流格局。一是中国将邀请共建"一带一路"国家的政党、智库、民间组织等代表来华交流。二是鼓励和支持沿线国家社会组织广泛开展民生合作，联合开展一系列环保、反腐败等领域培训项目，深化各领域人力资源开发合作。三是持续实施"丝绸之路"中国政府奖学金项目，举办"一带一路"青年创意与遗产论坛、青年学生"汉语桥"夏令营等活动。四是设立了共建"一带一路"国际智库合作委员会、新闻合作联盟等机制，汇聚各方智慧和力量，逐步形成与对外开放深度融合、相互促进的人文交流新格局。五是加强"一带一路"反腐败国际合作机制建设，加快建立双边反腐败合作机制，推动建立多边框架下的反腐败执法合作机制，建设"廉洁丝绸之路"。

（七）建设廉洁之路

廉洁是共建"一带一路"的道德底线和法律红线。沿线国家需协力打造廉洁高效的现代营商环境，加强对"一带一路"建设项目的监督管理和风险防控，建立规范透明的公共资源交易流程。在项目招投标、施工建设、运营管理等过程中严格遵守相关法律法规，消除权力寻租空间，构建良性市场秩序。各国应加强反腐败国际交流合作，以《联合国反腐败公约》等国际公约和相关双边条约为基础开展司法执法合作，推进双边引渡条约、司法协助协定的签订与履行，构筑更加紧密便捷的司法执法合作网络。各国需推动企业加强自律意识,构建合规管理体系,培育廉洁文化,防控廉洁风险,坚决抵制商业贿赂行为。政府、企业、国际社会三方需共同努力,采取有效措施,建立拒绝腐败分子入境、腐败资产返还等合作机制,通力协作斩断腐败链条、构筑反腐败防线。与各国一道完善反腐败法治体系和机制建设,不断改善营商环境,持续打击商业贿赂行为。深化与沿线国家反腐败法律法规对接,深化反腐败务实合作。加强对"走出去"企业廉洁教育培训,强化企业合规经营管理。与共建"一带一路"国家共同努力,把"一带一路"建设成为廉洁之路。

（本文原为作者2019年11月19日为丝路基金有限责任公司所作的专题报告,收入时略有改动）

以改革创新为动力，
推进"一带一路"国际产业合作

国际产业合作是"一带一路"建设的重要内容。以改革创新为动力，推进"一带一路"国际产业合作，无论是对于深化"一带一路"建设，还是对于我国深化改革、扩大开放，实现高质量发展，加快国家治理体系和治理能力现代化都具有十分重要的意义。

一、"一带一路"国际产业合作成效显著

共建"一带一路"倡议从提出到现在，仅仅 6 年多时间，已取得了举世瞩目的进展和成效。

2013—2019 年，中国与沿线国家货物贸易总额超过了 7.8 万亿美元，对沿线国家直接投资超过了 1100 亿美元，在沿线国家承包工程新签订的合同额接近 8000 亿美元。共建"一带一路"已经使参与各国尤其是沿线发展中国家都实实在在地受益。

共建"一带一路"国际产业合作取得的早期成就，为世界经济增

长开辟了新空间,为国际贸易和投资搭建了新平台,为完善全球经济治理体系和治理格局的革新拓展了新实践,为增进各国民生福祉、构建人类命运共同体作出了新贡献。"一带一路"已成为中国向世界提供的最受欢迎的公共产品,成为各参与方共同繁荣发展的机遇之路。正如习近平主席多次强调的,共建"一带一路"倡议源于中国,但机会和成果属于世界。也正因此,截至 2021 年 1 月底,已有 140个国家和 31 个国际组织与中国签署了共建"一带一路"合作文件205 份。共建"一带一路"倡议及其核心理念已数次被写入联合国等重要国际机制成果文件。

二、"一带一路"国际产业合作前景广阔

以 2019 年 4 月在北京成功举办的第二届"一带一路"国际合作高峰论坛为标志,共建"一带一路"由过去谋篇布局的"大写意"转入了精谨细腻"工笔画"的高质量发展新阶段。所谓"工笔画"的高质量发展,就是要坚持共商共建共享原则,由各方平等协商、责任共担、共同受益;主张开放、廉洁、绿色的发展理念,反对保护主义;追求高标准、惠民生、可持续目标,积极对接普遍接受的国际规则标准,坚持以人民为中心的发展思想,走经济、社会、环境协调发展之路。共建"一带一路"高质量发展,画好"工笔画",为国际产业合作提供了新的机遇和广阔发展空间。国际产业合作在深化"一带一路"建设中可以大有作为。

首先,在基础设施互联互通方面大有作为。共建"一带一路",

关键是基础设施互联互通。基础设施重点工程建设会给产业合作创造诸多机会，特别是第三方市场合作前景广阔。其次，在发挥比较优势上大有可为。中国产业拥有"中国制造、中国建造、中国创造"的生产能力优势，再加上"中国储蓄、中国投资、中国储备"的经济实力优势，可在具备条件的"一带一路"沿线国家建设大型企业，生产有国际竞争力的产品。再次，在资源开发合作上大有可为。可充分利用"一带一路"沿线国家的资源优势，将资源优势转化为产业优势，延伸产业链、价值链、供应链。最后，在市场开发合作上大有可为。从目前情况看，"一带一路"沿线不少国家产业水平不够高，市场潜力大。产业投资将推动当地产业的发展，带来更多的投资合作机会。

三、以改革创新推动"一带一路"国际产业合作

以改革为动力，以创新为引领，对"一带一路"高质量发展特别是深化国际产业合作至关重要。坚持和完善中国特色社会主义制度，推进国家治理体系和治理能力现代化，为"一带一路"建设走深走实、行稳致远带来巨大制度推力。

一要毫不动摇加大改革力度。要统筹制度改革和制度运行，处理好顶层设计和分层对接的关系，搞好上下左右、方方面面的配套，注重各项改革协调推进，使各项改革相得益彰，发生"化学反应"，把制度优势转化为治理效能。要把着力点放到加强系统集成、协同高效上来，推动各方面制度更加成熟更加定型。这将推动各项改革举

措发生"化学反应",为"一带一路"国际产业合作提供巨大动能。

二要持续不懈坚持创新发展。要强化科技创新、制度创新、模式和业态创新,创新就是探索。共建"一带一路"倡议的提出本身就是创新的产物,"一带一路"建设的诸多实践也要靠创新推动。要通过创新,大力优化贸易结构,推动进口与出口、货物贸易与服务贸易、贸易与双向投资、贸易与产业协调发展,促进国际国内要素有序自由流动、资源高效配置、市场深度融合。"一带一路"国际产能合作,必须持续推动创新。

三要坚定不移推进全面开放。习近平主席在第二届"一带一路"国际合作高峰论坛开幕式上的主旨演讲中强调,中国将采取一系列重大改革开放举措,包括在更广领域扩大外资市场准入、更大力度加强知识产权保护国际合作、更大规模增加商品和服务进口、更加有效实施国际宏观经济政策协调、更加重视对外开放政策贯彻落实等。2020 年 11 月 21 日,习近平主席在二十国集团领导人第十五次峰会第一阶段会议上的讲话中强调,中国要在提高经济韧性和竞争力的同时,建设更高水平的开放型经济新体制。这释放出进一步加快开放步伐的积极信号。这些举措必将强有力地推动"一带一路"国际产业合作。

（本文原为作者 2019 年 10 月 26 日在 2019 年"读懂中国"广州国际会议上的演讲,收入时略有改动）

深化上海合作组织合作，
推进"一带一路"高质量发展

共建"一带一路"倡议和上海合作组织（以下简称"上合组织"）有着天然联系。丝路精神与"上海精神"息息相通、相辅相成。共建"一带一路"为上合组织深化合作提供了巨大机遇，上合组织的发展又为"一带一路"高质量发展构筑了重要平台，并发挥着越来越大的作用。下面就"一带一路"高质量发展和上合组织深化合作讲几点意见。

一、上合组织参与共建"一带一路"成果丰硕

从习近平主席提出共建"一带一路"倡议到现在，仅仅 8 年多时间，便已取得举世瞩目的进展和成效。截至 2021 年 1 月底，已有 140 个国家和 31 个国际组织与中国签署了 205 份共建"一带一路"合作文件。共建"一带一路"倡议及其核心理念已数次写入联合国等重要国际机制成果文件。中老铁路、中泰铁路、雅万高铁、匈塞铁路、瓜

达尔港、汉班托塔港、比雷埃夫斯港、哈利法港等一批标志性基础设施互联互通项目进展顺利。

共建"一带一路"国际合作取得的早期收获,为世界经济增长增添了新动力,为国际贸易和投资搭建了新平台,为增进各国民生福祉、构建人类命运共同体作出了新贡献,也为上合组织发展拓展了新空间。

上合组织8个成员国(中国、俄罗斯、哈萨克斯坦、吉尔吉斯斯坦、塔吉克斯坦、乌兹别克斯坦、印度和巴基斯坦)、4个观察员国(蒙古国、伊朗、阿富汗和白俄罗斯)和6个对话伙伴国(土耳其、斯里兰卡、阿塞拜疆、亚美尼亚、柬埔寨、尼泊尔)都是"一带一路"沿线国家,上合组织所覆盖的地区也成为"一带一路"建设的核心区域。上合组织已成为世界上最大的地区组织之一。上合组织建立的初衷是为满足成员国的安全合作需要,随着成员国合作的深入发展又自然延伸出经济职能,成为推动"一带一路"建设的重要力量和旗舰平台。

共建"一带一路"倡议提出8年多来,上合组织成员国坚持弘扬"上海精神",坚持遵循共商共建共享的原则,共建"一带一路"取得了丰硕的成果。

哈萨克斯坦第一次有了自己的出海通道。中亚最长隧道乌兹别克斯坦卡姆奇克隧道打通。中巴经济走廊建设特别是瓜达尔港、交通基础设施、能源产业等领域取得一系列重大进展。截至2021年5月初,在中巴双方确定的70个走廊早期收获项目中,已经有46个项目启动或完成,总投资额高达254亿美元。白俄罗斯有了首个区域经济特区——中白工业园①和轿车制造业。中资企业积极参与柬埔寨开发水电项目,成为助推柬埔寨经济发展与民生改善的巨大动力。

此类可圈可点的案例还有许多。具体来讲:

一是政策沟通共识不断凝聚。中国同绝大多数上合组织成员国签署了共建"一带一路"的政府间合作文件,同欧亚经济联盟签署了经贸合作协定。各成员国还积极将本国发展战略与"一带一路"倡议进行对接,如哈萨克斯坦"光明之路"新经济政策、乌兹别克斯坦2017—2021年五大优先发展领域行动战略、塔吉克斯坦2030年发展战略等。近年来,上合组织历次元首峰会和总理会议成果文件中均写入支持"一带一路"倡议的内容,许多国家领导人还积极参加中国政府举办的"一带一路"国际合作高峰论坛、国际进口博览会等。

二是设施联通水平日益提升。中国与俄罗斯及中亚国家原油、天然气管道运行顺畅,中吉乌公路常态化运行,中塔乌公路成功试运行。中欧班列途经上合组织多个成员国。上合组织成员国政府间国

---

①　中白工业园,全称中国—白俄罗斯工业园,坐落于丝绸之路经济带中贯通欧亚的重要枢纽——白俄罗斯明斯克州。中白工业园规划面积91.5平方公里,是中白合作共建丝绸之路经济带的标志性工程。它是目前中国参与投资开发的规划面积最大、开发建设规模最大、合作层次最高的海外经贸合作区,由中国和白俄罗斯两国元首亲自倡导,两国政府大力支持推动,国机集团和招商局集团两大央企主导开发运营,是中白两国务实合作的经典示范。中白工业园致力于建设生态、宜居、兴业、活力、创新五位一体的国际新城,被誉为"丝绸之路经济带上的明珠",其定位目标是国际化的产业园区、生态化的产业城市。发展方向是国际化、产业化、数字化、生态化,产业定位是打造以机械制造、电子信息、精细化工、生物医药、新材料、仓储物流、大数据为主的高新技术产业园区。

际道路运输便利化协定生效,为加快交通设施的联通提供了坚实的制度保障。

三是经贸和投资合作深入拓展。上合组织地区内贸易快速增长,2001 年中国同其他成员国贸易额仅为 120 亿美元,到 2018 年已经达到了 2550 亿美元,增长了 20 余倍。2018 年中国与上合组织成员国的进出口贸易总额比上年增长 17.2%,中国连续多年成为多个上合组织成员国第一大或第二大贸易伙伴。

四是资金融通能力持续增强。中俄发起成立金融联盟,中国和哈萨克斯坦设立产能合作基金,各方不断扩大本币互换规模。中国对其他成员国投资不断上升。截至 2019 年 6 月,中国在上合组织其他成员国投资存量达到 875 亿美元。上合组织银行联合体、亚投行、丝路基金、中国欧亚经济合作基金等合作机制为各国重大合作项目提供了有力支持。

五是人文交流往来愈来愈多。各成员国广泛开展旅游、科技、卫生、地方等领域的合作,积极举办主题年、文化年、夏令营、电影节等丰富多彩的活动,不断扩大互派留学生的规模。近年出台签证便利化的举措,极大促进了各国民众的相互了解和传统友谊。中亚地区出现的“汉语热”“中国风”,既是我国国际影响力上升的外在表现,也反映出我国与中亚国家在民心相通方面的积极成果。

六是地区和平稳定得到有力维护。上合组织有效打击了恐怖主义、分裂主义和极端主义“三股势力”。通过边防合作协定、打击毒品走私和有组织犯罪,通过举行联合反恐演习等,有效实施了边境管控,不给极端分子流窜的空间和机会。

二、"一带一路"高质量发展为上合组织深化合作注入强劲动力

以 2019 年 4 月在北京成功举办的第二届"一带一路"国际合作高峰论坛为标志,共建"一带一路"由过去谋篇布局的"大写意"转入了精谨细腻"工笔画"的高质量发展新阶段。所谓"工笔画"的高质量发展,就是要坚持共商共建共享原则,由各方平等协商、责任共担、共同受益;主张开放、廉洁、绿色发展理念,反对保护主义;追求高标准、惠民生、可持续目标,积极对接普遍接受的国际规则标准,坚持以人民为中心的发展思想,走经济、社会、环境协调发展之路。共建"一带一路"高质量发展,画好"工笔画",为上合组织框架内多边经济合作的深入发展提供了新的动力。

自 2001 年成立以来,上合组织在经济领域的务实合作取得了有目共睹的成果。同时不可否认,多边经济合作是上合组织客观存在的短板,与其他领域相比仍存在明显的差距。据上合组织秘书长弗拉基米尔·诺罗夫介绍,截至 2019 年 6 月,上合组织制定并通过了约 1400 份各类文件,其中 46% 涉及安全领域合作,多边经济合作方面的文件仅占 7%。因此,必须紧紧抓住"一带一路"高质量发展的机遇,深化上合组织多边经济合作。

一是要深化政策对接。继续加强共建"一带一路"倡议与区域合作倡议及各国发展战略对接,加快协商解决影响互联互通的政策、规则、标准等问题。

二是要推进互联互通。扎实推进骨干通道和重点项目建设,在2019年6月的上合组织比什凯克峰会上,提出了一系列基础设施和能源项目的建议,将有力推动上合组织在交通基础设施建设和国际公路交通运输的发展。

三是要深化产业合作。在比什凯克峰会上,多边产业合作成为有关各方重点关注的领域,尤其是俄罗斯在上合组织经济领域务实合作方面表现出积极姿态,要鼓励通过产业合作,优化各国产业分工布局,注重加强电子商务、数字经济合作,用好"互联网+"平台。

四是要推动创新合作。通过共建"上合组织成员国技术转移中心""上合组织青年创业国际孵化器"项目、学术论坛、技术培训等,推动科技信息共享和创新成果转化应用。创新资金融通体制机制,为上合组织深化经贸合作提供强有力的金融支持。

五是要促进人文交流和互学互鉴。通过上合组织框架内的民心相通,增进中亚地区国家人民对我国的了解,不仅是推动上合组织健康稳定发展的重要基础,也是实现"一带一路"高质量发展目标的有力保证。深化上合组织教育合作,办好"上合组织大学",共建孔子学院和孔子课堂;整合旅游资源,打造统一旅游线路及品牌,形成各成员国间旅游更安全、更便利、更舒适的旅游环境。

要抓住"一带一路"建设高质量发展的有利契机,强化上合组织经济功能,推动上合组织的经济合作进入"快车道",实现共同繁荣发展,更好地造福各国人民。

三、弘扬丝路精神和"上海精神"，携手应对共同面临的挑战

当今世界正经历百年未有之大变局，不确定不稳定因素增多。治理赤字、信任赤字、发展赤字、和平赤字仍在扩大。

从治理赤字来看，热点问题层出不穷，气候变化、网络安全等非传统安全威胁持续蔓延，全球治理体系和多边机制受到冲击。从信任赤字看，经贸摩擦和竞争此起彼伏，地缘博弈色彩明显加重，信任危机日趋严重。从和平赤字来看，不少国家和地区安全环境堪忧，地区冲突和局部战争从未中断，不少国家战火不断。从发展赤字来看，逆全球化、保护主义、单边主义抬头，收入分配不平等、发展空间不平衡等困扰增多。

虽然国际形势风云激荡，但维护良好的国际秩序和多边主义，顺应不可逆转的和平、发展、合作、共赢的时代潮流，毫无疑问是应对全球性挑战的正确选择。从上合组织来看，就是要弘扬和平合作、开放包容、互学互鉴、互利共赢的丝绸之路精神和互信、互利、平等、协商、尊重多样文明、谋求共同发展的"上海精神"，并将两种精神有机融合，从中汲取智慧，树立正能量的发展观、安全观、合作观、文明观、全球治理观，牢牢把握世界多极化、经济全球化大势，展现应有的国际担当，密切协调和配合，维护以联合国为核心的国际体系，促进多边主义和自由贸易，推动国际秩序朝着更加公正合理的方向发展，携手构建更加紧密的上合组织命运共同体，并合力推动构建人类命运共同体。

一是增进团结互信。要始终遵循丝路精神和"上海精神"，心往

一处想,劲往一处使,恪守上合组织宪章、长期睦邻友好合作条约确立的宗旨和原则,增进政治互信,加大相互支持,扩大利益汇合点,为深化双边和多边合作创造更加有利的条件,不断汇聚实现共同目标的强大力量。

二是坚持安危共担。要秉持共同、综合、合作、可持续的安全观,不断完善安全合作的法律基础,加强信息共享、联合行动、网络执法,着力提升应对复杂局面的能力。要多措并举打击恐怖主义、分裂主义、极端主义"三股势力",防范恐怖极端势力回流。加强去极端化合作,有效遏制极端思想蔓延势头。

三是推进互利共赢。2018 年,按汇率计算的上合组织 8 个成员国经济总量累计占全球的比重为 21.6%,对世界经济增长的贡献率不断提升。要顺势而为,推动地区融合发展不断取得新成果。要倡导维护多边贸易体制、构建开放型世界经济,推动在贸易和投资自由化便利化方面作出更多制度性安排。用好中国国际进口博览会等合作共享平台。要认真落实第二届"一带一路"国际合作高峰论坛成果。

四是加强包容互鉴。上合组织地区孕育了众多古老文明,不同民族、不同文化、不同宗教在此交融汇聚,相得益彰。我们要珍惜本地区文明多样性这一宝贵财富,摒弃文明冲突,坚持开放包容、互学互鉴,为各国人民世代友好、共同发展进步注入持久动力。要不断深化文化、教育、旅游、体育、媒体等领域合作,密切妇女、青年等群体交流,不断提升民众参与度和获得感。

（本文原为作者 2019 年 11 月 28 日在"上海合作组织参与'一带一路'建设的现状与前景国际研讨会"上的主旨演讲,收入时略有改动）

加强农业国际合作是共建
"一带一路"的重要内容

农业国际合作是共建"一带一路"倡议的重要内容。"一带一路"倡议提出 8 年多来，农业国际合作取得明显成效。合作机制更加成熟，经贸往来更加紧密，科技交流更加深入。实践证明，"一带一路"农业合作顺应时代潮流，符合各方利益，具有广阔的前景。下面讲几点意见。

一、"一带一路"建设成效显著

共建"一带一路"倡议从提出到现在，已取得举世瞩目的进展和成效。

通过共建"一带一路"，雅万高铁是东南亚第一条最高设计时速 350 公里的高铁，中泰铁路建设将有力拉动泰国发展。中老铁路帮助老挝与世界联动。肯尼亚蒙内铁路自建设以来为当地累计创造近 5 万个就业岗位，内马铁路一期工程也建成通车。埃塞俄比亚与吉布提的亚吉铁路成为东非首条电气化铁路。

"一带一路"农业合作也取得明显成效。一是凝聚了农业合作共识,发布了《共同推进"一带一路"建设农业合作的愿景与行动》,制定了支持农业对外合作的意见和系列规划,与80多个"一带一路"沿线国家签署了农渔业合作的文件。二是农产品贸易显著增长,2018年我国与"一带一路"参与国的农产品贸易总额超过了770亿美元,较之于五年前增长了17.8%。三是农业投资合作领域大幅拓展。截至2019年上半年,我国在"一带一路"参与国开展农业投资合作的项目已经超过了650个,投资存量达到94.4亿美元,较五年前增长了70%,同时也带动了当地粮食、经济作物、畜牧、农产品加工等产业的发展,服务了各国经济社会的发展。四是积极履行社会责任。中资农业企业在东道国当地兴建公益设施,截至2019年上半年,累计雇佣参与国的员工超过了10万余人,为当地贡献了大量的税收和外汇。五是增进了民心相通,我国农业技术合作、高级专家派出、农技培训推广等项目受到"一带一路"参与国普遍欢迎,赢得了民心和政治互信。

共建"一带一路"取得的早期收获,已经使参与各国尤其沿线发展中国家都实实在在地受益。

二、"一带一路"农业国际合作前景广阔

共建"一带一路"已由过去谋篇布局的"大写意"转入了精谨细腻"工笔画"的高质量发展新阶段。画好"工笔画",为农业国际合作

提供了新的机遇和广阔发展空间。农业国际合作在"一带一路"建设高质量发展中可以大有作为。

一是在加强政策沟通上大有作为。完善沿线国家间多层次农业政策对话机制,探索建立沿线国家政府、科研机构、企业"三位一体"的政策对话平台,就农业发展战略充分交流对接,共同制定推进农业合作的规划和措施,协商解决合作中的问题,共同为务实合作及大型项目实施提供政策支持。

二是在强化科技交流合作上大有作为。多渠道加强沿线国家间知识分享、技术转移、信息沟通和人员交流。结合各国需求并综合考虑国际农业科技合作总体布局,在"一带一路"沿线共建国际联合实验室、技术试验示范基地和科技示范园区,开展动植物疫病疫情防控、种质资源交换、共同研发和成果示范,促进品种、技术和产品合作交流。共建"一带一路"农业合作公共信息服务平台、技术咨询服务体系、高端智库和培训基地,推动区域农业物联网技术发展,提升"一带一路"沿线国家农业综合发展能力。

三是在优化农产品贸易合作上大有作为。推动共建"一带一路"农产品贸易通道,合作开展运输、仓储等农产品贸易基础设施一体化建设,提升贸易便利化水平,扩大贸易规模,拓展贸易范围。建设多元稳定的"一带一路"农产品贸易渠道,发展农产品跨境电子商务。加强"一带一路"沿线国家农产品检验检疫合作交流,共建安全、高效、便捷的进出境农产品检验检疫监管措施和农产品质量安全追溯系统,共同规范市场行为,提高沿线国家动植物安全卫生水平。

四是在拓展农业投资合作上大有作为。发挥沿线国家农业比较优势,充分利用相关国际金融机构合作机制与渠道,加大农业基础设施和生产、加工、储运、流通等全产业链环节投资,推进关键项目落地。提升沿线国家间企业跨国合作水平,采取多种方式提升企业跨国投资能力和水平,促进沿线国家涉农企业互利合作、共同发展。推动沿线国家之间开展农业双向投资,中国欢迎各国企业来华开展农业领域投资,鼓励本国企业参与沿线国家农业发展进程,帮助所在国发展农业、增加就业、改善民生,履行社会责任。

五是在共建境外农业合作园区上大有作为。推动沿线国家企业合作共建农业产业园区,形成产业集群和平台带动效应,降低农业合作成本,增强风险防范能力。引导和支持企业参与农业合作园区建设和运营,围绕种植、养殖、深加工、农产品物流等领域加强基础设施建设,优化农业产业链条,为实现经济走廊和海上通道互联互通提供支撑。结合"一带一路"沿线国家的意愿和基础条件,共建一批农业合作示范区,构建"一带一路"农业合作的新载体和新样板。

六是在加强能力建设与民间交流上大有作为。加强以农民为主体的能力建设和民间交流,共同开展"一带一路"沿线国家农民职业教育培训,提高农民素质以及农民组织化水平,增进沿线国家间交流互信。加强"一带一路"沿线国家企业之间交流合作,共建跨国经营管理人员培训基地,培养复合型跨国经营管理人才。

三、以开放为引领推动"一带一路"农业国际合作走深走实

中国将坚定不移地推进全面开放。2019 年 11 月 5 日,习近平

主席在第二届中国国际进口博览会开幕式上的主旨演讲中强调,要以更加开放的心态和举措,共建开放合作、开放创新、开放共享的世界经济。坚持对外开放的基本国策,坚持以开放促改革、促发展、促创新,持续推进更高水平的对外开放。继续扩大市场开放,继续完善开放格局,继续优化营商环境,继续深化多双边合作,继续推进共建"一带一路"。这释放出进一步加快开放步伐的积极信号。这些举措必将强有力地推动"一带一路"农业国际合作。

　　一要进一步积极主动融入农业全球化发展进程。"一带一路"沿线一直是中国开展农业国际合作的重点区域,利用山水相连、文化相通等优势,许多省区要继续与"一带一路"沿线国家开展富有成效的互利合作。中国西部省区立足旱作农业与中亚国家开展粮食、畜牧、棉花等领域合作,北部省区在俄罗斯远东地区开展粮食、蔬菜等种植合作,南部省区立足热带农业,与东南亚、南亚国家开展粮食、热带经济作物等种植合作。通过援建农业技术示范中心、派遣农业技术专家、培训农业技术和管理人员等方式,积极帮助"一带一路"沿线发展中国家提高农业生产和安全卫生保障能力,保障世界粮食安全,解决饥饿与贫困。

　　二要强化多边合作机制。深化与国际机构的交流与合作,充分利用二十国集团、亚太经合组织、上海合作组织、联合国亚太经社会、亚洲合作对话、阿拉伯国家联盟、中国—东盟、澜沧江—湄公河合作等现有涉农多边机制,深化与世界贸易组织、联合国粮食及农业组织、世界动物卫生组织、国际农业发展基金、联合国世界粮食计划署、国际农业研究磋商组织等交流合作,加强与世界银行、亚洲开发银行、金砖国家新开发银行、亚洲基础设施投资银行、丝路基金合作,探索利用全球及区域开发性金融机构创新农业国际合作的金融服务模式,积极营造开放包容、公平竞争、互利共赢的农业国际合作环境。

三要发挥重大会议论坛平台作用。充分利用中非合作论坛、博鳌亚洲论坛、"10+3"粮食安全合作圆桌会议、中国—东盟博览会、中国—南亚博览会、中国—亚欧博览会、中国—中东欧国家经贸论坛、中国—中东欧进出境动植物检疫暨农产品质量安全合作论坛、中国—阿拉伯国家博览会等重大会议论坛平台,加强"一带一路"农业合作交流。在"一带一路"国际合作高峰论坛框架下,逐步建立"一带一路"农业合作对话机制、农业规划研究交流平台,依托"一带一路"网站建立农业资源、产业、技术、政策等信息共享平台。

四要重视并推动电子农业和智慧农业发展。电子农业、智慧农业不仅仅是电子商务,还包括提供信息,以更好地开展防控动植物疫病、生产技术质量标准和专业的咨询服务,以及获得金融服务甚至是管理培训,提高农产品品牌价值等。

共建"一带一路"是中国的倡议,也是中国与沿线国家的共同愿望。中国愿与沿线国家一道,在既有的多双边合作机制框架下,兼顾各方利益,尊重各方诉求,相向而行,携手推动"一带一路"农业合作迈向更大范围、更高水平、更深层次,共同为提高全球粮食安全与营养水平、推进全球农业可持续健康发展作出更大贡献。

(本文原为作者 2019 年 11 月 29 日在第 11 届中国对外投资合作洽谈会上的主题演讲,收入时略有改动)

深化改革开放创新，
推动"一带一路"国际能源合作

国际能源合作是共建"一带一路"的重点领域。增进"一带一路"能源合作伙伴关系是共建"一带一路"的重要内容。推动"一带一路"国际能源合作，无论是对于"一带一路"建设高质量发展，还是对于我国全面深化改革、全面扩大开放，实现国家治理体系和治理能力现代化都具有十分重要的意义。

一、"一带一路"为国际能源合作开辟了广阔空间

从习近平主席提出共建"一带一路"倡议到现在，仅仅8年多时间，已取得举世瞩目的进展和成效。政策沟通共识更加深入，设施联通水平日益提升，经贸和投资合作不断拓展，资金融通能力持续增强，人文交流往来愈来愈多。

共建"一带一路"国际合作取得的早期收获，为世界经济增长增

添了新动力,为国际贸易和投资搭建了新平台,为全球能源合作和转型变革拓展了新空间,为增进各国民生福祉,构建人类命运共同体作出了新贡献。

第二届"一带一路"国际合作高峰论坛的成功举办标志着共建"一带一路"由过去谋篇布局的"大写意"转入了精谨细腻"工笔画"的高质量发展新阶段。共建"一带一路"高质量发展,为国际能源合作提供了新的机遇和广阔发展空间。

二、国际能源合作在"一带一路"上大有作为

随着"一带一路"建设深入推进,国际能源合作的成效不断显现,政策沟通不断深化,务实合作不断拓展,转型步伐不断加快,给各国人民带来的参与感、获得感和幸福感不断增强。展望未来,在"一带一路"高质量发展的引领下,国际能源合作前景光明,可以大有作为。

(一) 在共同应对挑战,打造能源合作命运共同体方面大有作为

当今世界,正面临百年未有之大变局,国际能源格局也在发生深刻变革,不确定不稳定因素增多。这就需要"一带一路"沿线各国建立密切的合作伙伴关系,以信息共享增进相互了解,以经验交流深挖合作潜力,以沟通协调增进彼此互信,凝聚共识,变中求进,携手解决共同面对的困难和挑战,深化能源贸易、投资和产能务实合作,协同

保障能源安全。

（二）在推进能源转型变革，加快全球能源绿色低碳转型进程方面大有作为

能源转型变革包括能源生产、分配、消费及储能方式等诸多方面。需要共同努力，推动传统石化能源结构体系向可再生且可持续的新能源体系转变；推动与知识经济、循环经济和低碳经济密切相关的低碳能源变革；推动全球清洁能源产业融合；推动共同应对全球气候变化影响；推动营造良好的能源变革国际环境等。

（三）在政策、标准、技术合作等方面大有作为

深化合作，需要不断完善产业政策和技术标准，加强关键技术装备联合攻关，需要不断创新商业模式，推动绿色能源高质量发展。

（四）在提高全球能源可及性上大有作为

能源问题也是民生问题。能源合作中必须高度重视发展的可持续性，处理好能源合作和改善民生的关系，使能源发展成果更多更好惠及各国人民。

三、改革开放创新推动"一带一路"国际能源合作

"一带一路"国际能源合作必须以改革为动力，以开放为引领，

以创新为导向。坚持和完善中国特色社会主义制度,推进国家治理体系和治理能力现代化,既是"一带一路"建设高质量发展的重要制度保障,也是深化"一带一路"国际能源合作的巨大制度推动力。

(一) 全面深化改革,继续优化营商环境

持续推进"放管服"改革,为"一带一路"国际能源合作创造更好的体制机制环境。在世界银行 2019 年 10 月发布的《2020 年营商环境报告》中,中国营商环境排名为第 31 位。2019 年 10 月,我国公布了《优化营商环境条例》。针对制约经济发展和国际合作的突出矛盾,要继续在关键环节和重要领域加快改革步伐,不断完善市场化、法治化、国际化的营商环境,放宽外资市场准入,继续缩减负面清单,完善投资促进和保护、信息报告等制度。要营造尊重知识价值的环境,完善知识产权保护法律体系,强化相关执法,增强知识产权民事和刑事司法保护力度。通过各项改革举措的系统集成、协同高效,形成"化学反应",为深化"一带一路"国际能源合作提供了巨大推动力。

(二) 推进开放共享,进一步深化交流合作

在 2019 年 4 月召开的第二届"一带一路"国际合作高峰论坛和 2019 年 6 月召开的 G20 大阪峰会上,习近平主席宣布中国扩大开放的一系列重大举措后,2019 年 11 月,在第二届中国国际进口博览会上,中国又向世界释放出进一步加快开放步伐的积极信号。要继续扩大市场开放,继续完善开放格局,继续深化多双边合作,坚持"拉手"而不是"松手",坚持"拆墙"而不是"筑墙",坚决反对保护主义、

单边主义,共同维护以联合国宪章宗旨和原则为基础的国际秩序,坚持多边贸易体制的核心价值和基本原则,促进贸易和投资自由化便利化,推动国际能源合作朝着更加开放、包容、普惠、平衡、共赢的方向发展,让国际能源发展成果惠及更多国家和民众。

(三) 加强创新合作,不断推动全球能源转型变革

要强化科技创新、制度创新、模式和业态创新。创新就是探索。共建"一带一路"倡议的提出本身就是创新,"一带一路"国际能源合作的诸多实践特别是转型变革也要靠创新推动。新一轮科技革命和产业变革正处在实现重大突破的历史关口。深化国际能源合作和转型变革必须加强创新,推动人工智能、互联网、大数据、区块链等科技同能源生产、分配、消费、储能等各个环节深度融合。加强创新成果共享,努力打破制约知识、技术、人才等创新要素流动的壁垒,让创新合作有效推动全球能源转型变革。总之,深化能源国际合作,推动能源转型变革,需要各方共同努力,共创"一带一路"国际能源合作的新格局,共筑更加紧密的能源命运共同体,共建持久和平、普遍安全、共同繁荣、开放包容、清洁美丽的世界。

(本文原为作者 2019 年 11 月 11 日在"2019 中国国际能源大会"上的演讲,收入时略有改动)

打好"一带一路"团结抗疫之战

在新冠肺炎疫情尚未结束的当前,共建"一带一路"面临的形势,可以说是有喜有忧。喜的是,构建人类命运共同体、"三共"原则(共商、共建、共享)、"五通"理念(政策沟通、设施联通、贸易畅通、资金融通、民心相通)、8年来形成的一大批实实在在的成果,特别是"一带一路"伙伴国家共同抗击新冠肺炎疫情的表现深得人心,得到了世界绝大多数国家和民众的普遍认可和支持。国际上对高质量共建"一带一路"有利的因素在集聚,正面声音和积极力量在增多,机遇前所未有。忧的是,"一带一路"建设所面临的风险和挑战也前所未有。当今世界正经历百年未有之大变局,不确定不稳定因素本来就多,突如其来的新冠肺炎疫情又在全球蔓延,使得风险和挑战陡增。大变局与疫情交织之下,不清楚还有多少"黑天鹅"和"灰犀牛"事件。因此,高质量推进"一带一路"建设,必须有底线思维和应变准备。当务之急,必须团结一切可以团结的力量,共同抗击新冠肺炎疫情并取得胜利。

一、新冠肺炎疫情给共建"一带一路"带来挑战

蔓延全球的新冠肺炎疫情给共建"一带一路"带来严峻挑战。几乎所有的"一带一路"沿线国家和合作伙伴都程度不同地遭受到疫情的冲击。根据世界卫生组织的统计数据,截至北京时间 2021 年 6 月 22 日 0 时 23 分,全球新冠肺炎确诊病例超 1.78 亿例,累计死亡超 386 万例。

新冠肺炎疫情冲击和带来的全球经济衰退对推进"一带一路"建设造成了影响。经济衰退毫无疑问会增加"一带一路"建设的现实困难和隐性风险。

"一带一路"不少沿线国家或合作伙伴的经济会受疫情影响产生衰退。就拿债务而言,疫情冲击和全球经济衰退,会加重一些"一带一路"沿线国家的债务,甚至会出现债务危机。国际金融协会数据显示,2020 年全球债务达到创纪录的 281 万亿美元。一些"一带一路"沿线国家被国际货币基金组织列为"债务高风险国",融资渠道与规模都受到严重限制。这种状况将使"一带一路"项目建设的难度大大增加。对于疫情和经济衰退交织带来的风险和挑战,我们必须保持清醒而又足够的认识,但又要有足够的定力。

二、"一带一路"团结抗疫呈现令人鼓舞的良好势头

　　面对疫情大流行,任何国家都无法置身事外。既合作抗疫,又继续推进"一带一路"国际合作,迫切需要加深与相关国家彼此间的沟通,达成互信共识。由中国主导,团结抗疫,确保高质量共建"一带一路"顺利推进的国际共识已初步形成。新冠肺炎疫情发生以来,习近平主席多次与"一带一路"伙伴国家的领导人和国际组织负责人会谈、会见、书信、电话、视频,连续开展"云外交",强调各国应该同舟共济、携手抗疫。这不仅在特殊时期释放了中国与合作伙伴继续高质量共建"一带一路"的坚定信心,而且为人类携手抗疫、共同发展注入了强劲动力,彰显出中国作为负责任大国的担当与责任。面对新冠肺炎疫情带来的全新考验,世界比以往任何时候都更加需要通过"一带一路"这个国际合作平台凝聚全球战疫力量。

　　2020 年 6 月 18 日"一带一路"国际合作高级别视频会议在北京成功举行,主题为"加强'一带一路'国际合作、携手抗击新冠肺炎疫情"。25 个国家的外长或部长级官员及世界卫生组织总干事谭德塞、联合国副秘书长兼联合国开发计划署署长施泰纳与会。习近平主席向会议发表书面致辞。主持会议的国务委员兼外交部部长王毅表示,在各方热情参与和全力支持下,"一带一路"倡议已成为全球最大的国际合作平台。战胜疫情、克服危机,必须同舟共济、团结合作,"一带一路"合作伙伴有责任也有义务作出表率。当前,战胜疫

情、复苏经济是各国的共同和紧迫任务。中方愿优先加强与"一带一路"合作伙伴的沟通协调,包括支持各方抗击疫情、恢复经济社会发展;在疫苗研发使用过程中,积极考虑"一带一路"合作伙伴需求;协商建立"一带一路"人员及货物跨境流动的便捷通道;举办"一带一路"合作伙伴交通部长会议,维护产业链、供应链畅通;携手发展"丝路电商",推进智慧城市建设及绿色发展合作。

施泰纳代表联合国秘书长古特雷斯致辞,表示"一带一路"合作将有助于各方更好应对疫情对经济、社会、环境的影响。联合国高度重视"一带一路"倡议,愿同各方继续紧密合作。

谭德塞表示,世卫组织高度赞赏中国积极推动全球抗疫合作,为有需要的国家提供各种援助和支持。当前形势下,习近平主席倡议打造"人类卫生健康共同体"具有重要意义,共建"一带一路"可以为此作出积极贡献。世卫组织支持建设"健康丝绸之路"和"绿色丝绸之路"。

与会代表积极评价我国倡议举办的此次论坛,认为十分及时、十分必要,感谢我国为推动共建"一带一路"和国际抗疫合作所作出的努力和贡献,认为疫情证实了构建人类命运共同体的重要性,"一带一路"倡议是团结抗击疫情、促进恢复经济的重要平台。各方支持开展疫情联防联控,加强公共卫生合作,共同建设"健康丝绸之路";加强互联互通,有序恢复跨境人员、货物流动,推动复工复产,维护全球产业链、供应链安全稳定,促进可持续发展,建设"绿色丝绸之路"。

参与这次高级别会议的各方都表示,将继续落实第二届"一带一路"国际合作高峰论坛达成的共识,推进相关领域务实合作,推动

"一带一路"合作取得更多成果。会议发表了汇聚各方共识的包括 4 个部分共 19 条的《"一带一路"国际合作高级别视频会议联合声明》。

虽然疫情在全球造成货物、人员往来不便,产业链、供应链衔接不畅,对"一带一路"建设产生了一定影响,但总的来看没有逆转互联互通项目建设的合作势头。疫情期间,中老铁路曼迈一号隧道顺利贯通、匈塞铁路匈牙利段取得重要进展、柬埔寨双燃料电厂等项目稳步推进。中巴经济走廊能源项目坚持运行,为巴基斯坦提供了三分之一的电力,截至 2018 年底,总投资 50 多亿美元,总装机 340 万千瓦,年发电量约 195 亿千瓦时,已投产运营的 7 个电力项目可满足巴基斯坦约 860 万户家庭的用电需求。

中欧班列是"一带一路"建设的明星和品牌项目。截至 2021 年 6 月国内累计开行数量突破 4 万列,到达欧洲 22 个国家的 160 多个城市。2020 年以来,在疫情防控的关键时期,中欧班列的重要作用再次凸显。截至 2021 年 6 月 18 日,共开行 6739 列,比去年增长 44%,运送了大量抗疫物资,成为欧亚大陆之间名副其实的"生命之路",不仅有力保障了沿线国家乃至全球抗击疫情,而且稳定了疫情期间的重要物流线和外贸发展,为提振世界经济打了一针"强心剂",彰显了"一带一路"合作所具有的强大韧性与活力。

贸易畅通,是共建"一带一路"的重要内容。2013 年至 2019 年,中国与"一带一路"沿线国家货物贸易总额超 7.8 万亿美元,对沿线国家直接投资超 1100 亿美元,新签承包工程合同额接近 8000 亿美元。2020 年,中国与"一带一路"沿线国家贸易额为 1.4 万亿美元,同比增长 0.7%。2021 年第一季度,中国与"一带一路"沿线国家货物贸易额达 2.5 万亿元人民币,同比增长 21.4%。在双向投资方面,8 年来,中国对“一带一路”沿线国家累计直接投资 1360 亿美元。2020 年,在疫情肆虐的情况下,中国对沿线国家非金融类直接投资186.1 亿美元,同比增长 18.3%。特别是中国与东盟贸易逆势增长。2020 年中国与东盟贸易额达 6846.0 亿美元,同比增长 6.7%;自东盟进口 3008.8 亿美元,同比增长 6.6%;对东盟出口 3837.2 亿美元,同比增长 6.7%。

三、同舟共济打好“一带一路”抗疫之战

当前和今后一个时期,高质量共建“一带一路”的主要任务,是以习近平新时代中国特色社会主义思想为指导,按照中央决策部署,秉持共商共建共享原则,坚持开放、绿色、廉洁理念,努力实现高标准、惠民生、可持续目标。但疫情当前,紧迫任务是要与“一带一路”国家团结抗疫。2020 年 6 月,习近平主席在“一带一路”国际合作高级别视频会书面致辞中指出,中国愿同合作伙伴一道,把“一带一路”打造成团结应对挑战的合作之路、维护人民健康安全的健康之路、促进经济社会恢复的复苏之路、释放发展潜力的增长之路。通过高质量共建“一带一路”,携手推动构建人类命运共同体。

(一)打造团结应对挑战的合作之路

新冠肺炎疫情虽然给人类带来严峻的困难和挑战,但也给我们带来一系列深刻启示。在携手抗疫的过程中,各国更加懂得“人类

是同舟共济的命运共同体"的深刻含义。面对疫情、应对挑战,各国都不能独善其身,唯有团结合作才能渡过难关。各国在共建"一带一路"国际合作中,要继续分享疫情防控经验,深化疫苗研发等科技合作,共同应对疫情挑战。要加强政策沟通和协同,携手共同打造人类卫生健康共同体,让"一带一路"各伙伴国成为团结抗疫的合作典范。共建"一带一路"不仅是经济合作,也是应对全球性危机和实现长远发展的重要举措。无论是应对疫情,还是恢复经济、战胜风险,共建"一带一路"国际合作都可以发挥重要作用。要支持以世界贸易组织为核心,以规则为基础,透明、非歧视、开放、包容的多边贸易体制。维护区域和全球产业链供应链稳定,包括商品、服务和人员的正常流动,同时帮助受疫情影响的产业与经济体。在疫情防控的同时,要保护公平竞争和知识产权。

(二)打造维护人民健康安全的健康之路

新冠肺炎疫情发生以来,"一带一路"合作伙伴相互支援、共克时艰,如:巴基斯坦拿出全国医院库存口罩供给中国,缅甸向中国捐赠大米。而中国也尽己所能,帮助塞内加尔改建医院,捐助物资助印尼抗疫,派出医疗专家组,分享治疗方案,给意大利、伊朗、塞尔维亚、菲律宾等众多"一带一路"伙伴国家捐赠检测试剂、防护用品、药品等急需医疗物资等。到 2021 年 6 月初,中国已经向 120 多个"一带一路"合作伙伴提供抗疫援助,向 90 多个合作伙伴提供疫苗,毫无保留地同世界各国全面分享防控和诊疗经验。持续抗击疫情,最终战胜病毒,需要各方相互支持、共同努力,及时分享必要信息及疫情诊疗经验和最佳实践。要合作加强和升级公共卫生系统能力,投资建设一批完善和有韧性的卫生基础设施,包括发展远程医疗。要通过促进世界各国卫生专家对话、为有需要的国家提供帮助等方式,合作应对、控制并战胜疫情。鼓励"一带一路"沿线各国必要时在双边、区域、国际等层面建立疫情联防联控机制。要使质量可靠的卫生产品特别是对应对疫情至关重要的疫苗、药物及医疗物资具有可获得性、可及性和可负担性。疫苗应作为全球公共产品使用。

(三)打造促进经济社会恢复的复苏之路

抗击疫情,要继续重视并加强互联互通,构建全方位、复合型的基础设施互联互通格局和可持续交通体系,鼓励"一带一路"各伙伴国发展相互兼容和多式联运的交通,开发跨国、跨区域交通和物流通道,增强各国在空中、陆地和海上的互联互通。交通基础设施项目及陆上、空中和海上线路等跨区域交通、物流通道在运送抗疫医疗物资、设备、食品、主要农产品和其他重要商品,保障供应链,促进国际贸易畅通,以及保障民生和经济发展需求上发挥了重要作用。在条件允许的情况下,要合作保持上述通道畅通或恢复开放。"一带一路"沿线各国要在做好疫情防控的基础上,遵照世界卫生组织等相关国际组织的专业建议促进经济恢复,特别是推动有序复工复产、复商复市及重新融入全球价值链、供应链、产业链,并在做好疫情防控措施基础上逐步恢复旅游业。加强在人力资源开发、教育和职业培训等方面的合作,增强民众应对疫情挑战的能力。

(四)打造释放发展潜力的增长之路

抗击疫情的同时,要注意释放发展潜力。中国一直主张,采取诸多举措,推动释放发展潜力。2020 年 5 月 18 日,在以网络远程会议形式举行的第 73 届世界卫生大会上,习近平主席在致辞中呼吁加大对非洲国家的支持;2020 年 6 月 17 日,在以视频方式举行的中非团结抗疫特别峰会上,习近平主席表示疫苗研发成果率先惠及非洲国家,免除有关非洲国家截至 2020 年底到期对华无息贷款债务。世界银行建议,如果疫情影响持续存在,拥有财政空间和融资条件的新兴市场和发展中经济体可以考虑额外的刺激措施。此外,还应采取措施,恢复财政可持续性,提高财政和债务透明度。其中,政府的财政承诺,例如债务工具和投资的透明度,是创造有吸引力投资环境的关键。在疫情冲击全球经济社会发展的背景下,各伙伴国也需要加强在数字经济、医疗产业和食品安全领域的合作,并在电子商务、智慧城市、人工智能和大数据技术应用等领域培育新的经济增长点,借鉴国际良好实践并缩小数字鸿沟,打造有利于增长的"创新丝绸之路""数字丝绸之路"。此外,要重视并发挥好地方尤其是核心区和重要节点城市在参与"一带一路"团结抗疫中的积极作用。

（本文原为作者 2020 年 7 月 10 日在福建省商务厅和厦门大学联合举办的专题报告会上的演讲,收入时略有改动）

团结抗疫，推动共建"一带一路"高质量高标准高水平发展

共建"一带一路"倡议自 2013 年提出至今，已进入第八个年头。8 年来，"一带一路"建设取得哪些进展和成就、遇到什么问题和困难、面临怎样的形势和挑战、如何进一步深入推进，尤其是全球蔓延的新冠肺炎疫情对"一带一路"建设有何影响等，都是大家十分关心的问题。下面，从"进展与成效""形势与挑战""任务与路径"等 3 个方面谈几点认识。

一、"一带一路"建设取得重要进展和明显成效

2013 年以来，"一带一路"建设从无到有、由点及面，从理念变为行动、从愿景变为现实。在"政策沟通、设施联通、贸易畅通、资金融通、民心相通"五大领域取得重要进展和明显成效。

（一）在政策沟通方面

政策沟通是共建"一带一路"的重要保障。8 年来,共建"一带一路"倡议的国际共识持续扩大。

1. 联合国等国际组织认可

共建"一带一路"倡议及其核心理念已数次写入联合国、G20、APEC 等重要国际机制成果文件。2016 年 3 月,联合国安理会通过包括推进"一带一路"倡议内容的 S/2274 号决议。2016 年 11 月,联合国大会第 A/71/9 号决议首次写入"一带一路"倡议,得到 193 个成员国的一致赞同。2016 年 4 月 11 日,外交部与联合国亚太经社会在北京签署关于推进地区互联互通和"一带一路"倡议的意向书。2016 年 9 月 21 日,我国与联合国开发计划署在第 71 届联合国大会系列高级别会议期间签署关于共同推进"一带一路"建设的谅解备忘录,旨在共同落实"一带一路"倡议与联合国 2030 年可持续发展议程。2017 年 3 月 17 日,联合国安理会通过第 2344 号决议,首次载入"构建人类命运共同体"重要理念,呼吁通过"一带一路"建设等加强区域经济合作。

共建"一带一路"倡议及其核心理念也写入 G20、APEC 以及其他区域组织等有关文件中。如 2015 年 7 月,上海合作组织发表《上海合作组织成员国元首乌法宣言》,支持关于建设"丝绸之路经济带"的倡议。2016 年 9 月,《二十国集团领导人杭州峰会公报》宣布核准 2016 年启动的"全球基础设施互联互通联盟倡议"。2018 年,中拉论坛第二届部长级会议、中国—阿拉伯国家合作论坛第八届部长级会议、中非合作论坛北京峰会等会议的重要成果文件里,都写入了支持共建"一带一路"倡议的内容。

2. 政府间签署合作文件

截至 2020 年 11 月 17 日，已有 138 个国家和 31 个国际组织与中国签署了 201 份共建"一带一路"合作文件。共建"一带一路"国家地域范围由亚欧地区延伸至非洲、拉美、南太、西欧等区域；国别范围由发展中国家扩展到发达国家。

3. 发展战略或规划对接

"一带一路"是个共建倡议，是参与国的"合奏"，是"交响乐"，不是中国的"独奏"。是"集体舞"，不是"独角戏"。因此，从一开始就注意与各相关国家发展战略或规划的对接。具体来讲，在欧洲，有俄罗斯主导的欧亚经济联盟、塞尔维亚的"再工业化"战略、欧盟的欧亚互联互通战略、匈牙利的"向东开放"政策、波兰的"负责任的发展计划"、意大利的"投资意大利计划"等；在亚洲，有哈萨克斯坦的"光明之路"新经济政策、塔吉克斯坦的 2030 年前国家发展战略、土耳其的"中间走廊"计划、沙特的"2030 愿景"、阿联酋的"2071 百年计划"、巴基斯坦的"愿景 2025"、菲律宾的"雄心 2040 战略"、柬埔寨的"四角战略"、越南的"两廊一圈"发展战略、印度尼西亚的"全球海洋支点"构想、泰国的"东部经济走廊"发展规划、蒙古国的"发展之路"计划等；在非洲，有埃及的"2030 愿景"、埃塞俄比亚的"经济增长和转型计划"、肯尼亚的"2030 年远景规划"、非盟的"2063 年议程"等。

此外，积极推动与有合作基础、合作体量大、合作意愿强烈的国家联合制定合作发展规划。

4.国际论坛推进共识

共建"一带一路"倡议的广泛国际共识还体现在"一带一路"国际合作高峰论坛上。

第一届"一带一路"国际合作高峰论坛于2017年5月在北京举办,当时有29位外国元首、政府首脑及联合国秘书长、红十字国际委员会主席等3位重要国际组织负责人出席,140多个国家和80多个国际组织的1600多名代表参会,形成了279项具体成果,已全部落实。

第二届"一带一路"国际合作高峰论坛于2019年4月25日至27日在北京举办。这届高峰论坛举世瞩目、成果丰硕、意义重大,取得圆满成功,成为共建"一带一路"的重要里程碑。

一是内容丰富。论坛期间除了举行高峰论坛开幕式、领导人圆桌峰会、高级别会议外,在保留首届高峰论坛政策沟通、设施联通、贸易畅通、资金融通、民心相通和智库交流等6场分论坛的基础上,又新增了廉洁丝绸之路、数字丝绸之路、绿色之路、创新之路、境外经贸合作区、地方合作6场新的分论坛和一个企业家大会。

二是规模空前。包括中国在内,38个国家的元首和政府首脑等领导人以及联合国秘书长和国际货币基金组织总裁共40位领导人出席第二届"一带一路"国际合作高峰论坛领导人圆桌峰会。参加论坛的外宾6000余名,比首届高峰论坛在规模上大了不少。

三是成果丰硕。第二届"一带一路"国际合作高峰论坛领导人圆桌峰会一致通过联合公报,主要内容是构建全球互联互通伙伴关系,推动联动发展。

除了专门的"一带一路"国际合作高峰论坛,还有其他的国际会议比如中国—中东欧国家经贸论坛、中非合作论坛、上海合作组织首脑会议、中国国际进口博览会、博鳌亚洲论坛乃至 APEC、G20 等国际会议，也都将共建"一带一路"作为重要议题，并围绕这个议题举行双边或多边国家元首或政府首脑会谈，有力地推动了"一带一路"政策沟通。

5. 抗击新冠肺炎疫情，加深互信

蔓延全球的新冠肺炎疫情给共建"一带一路"带来严峻考验。在合作抗疫的同时继续推进"一带一路"国际合作，迫切需要加深与相关国家彼此间的政策沟通，达成互信共识。

2020 年 6 月 18 日在北京举办的"一带一路"国际合作高级别视频会议主题为"加强'一带一路'国际合作、携手抗击新冠肺炎疫情"。参与这次会议的各方表示，将继续落实第二届"一带一路"国际合作高峰论坛共识，推进相关领域务实合作，推动"一带一路"合作取得更多成果。

（二）在设施联通方面

设施联通是共建"一带一路"的关键环节。正像习近平主席在第二届"一带一路"国际合作高峰论坛上强调的，共建"一带一路"，关键是互联互通，要构建全球互联互通伙伴关系。参加这次论坛的各方也认为，要本着多边主义精神，合力推进全方位互联互通，建设高质量、可持续、抗风险、价格合理、包容可及的基础设施，并加强各国政策、规则和标准的"软联通"。

设施联通聚焦"六廊六路多国多港"主骨架，一批标志性项目取得实质性进展，初步构建起"陆海天网"四位一体互联互通体系。新冠肺炎疫情在全球蔓延，造成货物人员往来不便，产业链供应链衔接不畅,但没有逆转互联互通项目建设的合作势头,中老铁路曼迈一号隧道顺利贯通、匈塞铁路匈牙利段取得重要进展、柬埔寨双燃料电厂等项目稳步推进。

中巴经济走廊是"一带一路"建设标志性工程。中巴经济走廊起点在喀什,终点在巴基斯坦瓜达尔港,全长3000公里,是一条包括公路、铁路、油气和光缆通道在内的贸易走廊,北接"丝绸之路经济带",南连"21世纪海上丝绸之路",是贯通南北丝路的关键枢纽。目前,我国与巴基斯坦的"一带一路"合作已形成"1+4"布局,即以中巴经济走廊建设为引领,以瓜达尔港、能源、交通基础设施、产业合作为重点。新冠肺炎疫情期间,中巴经济走廊能源项目坚持运行,提供了巴基斯坦国内三分之一的电力供应。

中欧班列是"一带一路"建设明星和品牌项目,开行质量不断提升,基本实现"去一回一",2020年综合重箱率达98.4%。2020年,中欧班列的重要作用再次凸显,全年累计开行1.24万列,比上年增长50%,累计发送国际合作防疫物资931万件、7.6万吨,成为欧亚大陆之间名副其实的"生命之路",不仅有力保障了沿线国家乃至全球抗击疫情,而且稳定了疫情期间的重要物流线和外贸发展,为提振世界经济打了一针"强心剂",彰显了"一带一路"合作所具有的强大韧性与活力。

通过共建"一带一路"互联互通合作,世界各国尤其沿线发展中国家都能实实在在地受益。

(三) 在贸易畅通方面

贸易畅通是共建"一带一路"的重要内容。8年来,"一带一路"

经贸投资合作不断扩大，贸易投资便利化水平逐年提升。8 年来，中国与"一带一路"合作伙伴贸易额累计超过 9.2 万亿美元，中国企业在沿线国家直接投资累计超过 1300 亿美元。中国海关总署公布的数据显示，2021 年上半年，中国对"一带一路"沿线国家进出口 5.35 万亿元，同比增长 27.5%。中国商务部数据显示，2021 年 1—5 月，中国对"一带一路"沿线国家投资保持增长，我国对"一带一路"沿线国家非金融类直接投资 74.3 亿美元，同比增长 13.8%。特别是中国与东盟贸易逆势增长。2021 年前 5 个月，我国对东盟出口 12053.3 亿元，同比增长 29.3%；进口 9804.0 亿元，同比增长 29%。

中国成功举办了四届中国国际进口博览会。首届有 172 个国家、地区和国际组织的 3617 家境外企业参展，成交总额超过 578 亿美元。第二届进博会参展国别和参展企业的数量都超过了首届，参展企业质量也更高。在世界 500 强和行业龙头企业中，来第二届进博会参展的超过 250 家。第二届进博会的 64 个参展国中，有 24 个国家为首次亮相。

促进双向投资升级，与 50 多个沿线国家签署双边投资协定。加强国际产能合作，与 40 多个重点国家签署产能合作协议并建立了双边产能合作机制。

推动境外合作园区建设，截至 2018 年底，在沿线 24 个国家建设合作区 82 个，累计投资 290 亿美元，入区企业近 4000 家。

（四）在资金融通方面

资金融通是共建"一带一路"的重要支撑。8 年多来，我们推动国际多边金融机构以及各类商业银行不断探索创新投融资模式，积极拓宽多样化融资渠道,为共建"一带一路"提供稳定、透明、高质量的资金支持。

1. 设立专门投融资机构

2014年11月4日,习近平总书记主持召开中央财经领导小组第八次会议,决定发起建立亚洲基础设施投资银行和设立丝路基金。

丝路基金:2014年11月8日,在"加强互联互通伙伴关系"东道主伙伴对话会上的讲话中,习近平主席宣布,中国将出资400亿美元成立丝路基金,为"一带一路"沿线国家基础设施、资源开发、产业合作和金融合作等与互联互通有关的项目提供投融资支持。2014年12月29日,丝路基金有限责任公司在北京注册成立,并正式开始运行。丝路基金是由中国外汇储备、中国投资有限责任公司、中国进出口银行、国家开发银行共同出资,依照我国公司法,按照市场化、国际化、专业化原则设立的中长期开发投资基金。首期资本金100亿美元中,外汇储备通过其投资平台出资65亿美元,中投、进出口银行、国开行分别出资15亿、15亿和5亿美元。在2017年第一届"一带一路"国际合作高峰论坛开幕式上,习近平主席宣布向丝路基金新增资金1000亿元人民币。截至2020年10月23日,丝路基金已累计签约项目47个,承诺投资金额178亿美元。

亚洲基础设施投资银行(以下简称"亚投行")是首个由中国倡议设立的多边金融机构,总部设在北京,法定资本1000亿美元。2014年10月24日,包括中国、印度、新加坡等在内21个首批意向创始成员国的财长和授权代表在北京签约,共同决定成立亚投行。2015年12月25日,亚投行正式成立。2016年1月16日至18日,亚投行在北京举行开业仪式暨理事会和董事会成立大会。2019年7

月 13 日，亚投行批准贝宁、吉布提、卢旺达加入亚投行，至此，亚投行成员总数达到 100 个。据亚投行公布，目前，已批准了 15 个国家的 39 个贷款或投资项目，总额达 80 亿美元。

亚投行意向创始成员国总计 57 国，按大洲分，有亚洲国家 34 个，欧洲国家 18 个，大洋洲国家 2 个，美洲国家 1 个，非洲国家 2 个。联合国安理会五大常任理事国已占 4 席：中国、英国、法国、俄罗斯。G20 国家中已占 16 席：中国、英国、法国、印度、印度尼西亚、沙特阿拉伯、德国、意大利、澳大利亚、土耳其、韩国、巴西、南非、俄罗斯、加拿大、阿根廷。七国集团已占 5 席：英国、法国、德国、意大利、加拿大。金砖国家全部加入亚投行：中国、俄罗斯、印度、巴西、南非。2019 年 7 月，亚投行成员总数达到 100 个。

2. 探索新型国际投融资模式

充分发挥各国主权基金和投资基金的作用。近年来，阿联酋阿布扎比投资局、中国投资有限责任公司等主权财富基金对沿线国家主要新兴经济体投资规模显著增加。截至 2019 年 8 月底，中投公司在"一带一路"沿线国家投资超 260 亿美元。2018 年 7 月，由丝路基金与欧洲投资基金共同投资的中欧共同投资基金开始实质性运作，首期投资规模 5 亿欧元。2018 年 9 月 12 日，习近平主席在俄罗斯出席第四届东方经济论坛时宣布，中方已设立首期 100 亿元、总规模 1000 亿元人民币的中俄地区合作发展投资基金。

3. 发挥多边金融合作支撑作用

中国财政部与阿根廷、俄罗斯、印度尼西亚、英国、新加坡等 27 国财政部核准了《"一带一路"融资指导原则》。中国人民银行与世界银行集团下属的国际金融公司、泛美开发银行、非洲开发银行和欧洲复兴开发银行等多边开发机构开展联合融资,截至 2018 年底已投资 100 多个项目,覆盖 70 多个国家和地区。2017 年 11 月,中国—中东欧银联体成立,成员包括中国、匈牙利、捷克、斯洛伐克、克罗地亚等 14 个国家的金融机构。2018 年 7 月、9 月,中国—阿拉伯国家银行联合体、中非金融合作银行联合体成立,建立了中国与阿拉伯国家之间、非洲国家之间的首个多边金融合作机制。

4. 金融机构作用凸显

在共建"一带一路"中,政策性金融机构和出口信用保险发挥了独特作用。截至 2019 年 9 月末,国家开发银行在"一带一路"沿线国家国际业务余额超 1600 亿美元。截至 2019 年 4 月 18 日,国家进出口银行在"一带一路"建设执行中项目超过 1800 个,贷款余额超过 1 万亿元人民币。截至 2018 年底,中国出口信用保险公司在沿线国家累计实现保额 6000 多亿美元。商业金融机构也有不俗表现。中国银行、中国工商银行、中国农业银行、中国建设银行等中资银行与沿线国家建立了广泛的代理行关系。截至 2019 年 4 月底,已有 11 家中资银行在 28 个沿线国家设立 76 家一级机构,来自 22 个沿线国家的 50 家银行在中国设立 7 家法人银行、19 家外国银行分行和 34 家代表处。德国商业银行与中国工商银行签署合作谅解备忘录,成为首家加入"一带一路"银行合作常态化机制的德国银行。

5. 金融市场体系建设日趋完善

沿线国家不断深化长期稳定、互利共赢的金融合作关系,各类创新金融产品不断推出,大大拓宽了共建"一带一路"的融资渠道。中国不断提高银行间债券市场对外开放程度,截至 2018 年底,熊猫债发行规模已达 2000 亿人民币左右。截至 2019 年 4 月底,中国进出口银行面向全球投资者发行 20 亿人民币"债券通"绿色金融债券，金砖国家新开发银行发行首单 30 亿人民币绿色金融债，支持绿色丝绸之路建设。证券期货交易所之间的股权、业务和技术合作稳步推进。2015 年，上海证券交易所、德意志交易所集团、中国金融期货交易所共同出资成立中欧国际交易所。上海证券交易所与哈萨克斯坦阿斯塔纳国际金融中心管理局签署合作协议，共同投资建设阿斯塔纳国际交易所。两家中资证券公司在新加坡、老挝设立合资公司。

6. 金融互联互通不断深化

截至 2019 年 4 月底，中国先后与 20 多个沿线国家建立了双边本币互换安排，与 7 个沿线国家建立了人民币清算安排，与 35 个沿线国家的金融监管当局签署了合作文件。人民币国际支付、投资、交易、储备功能稳步提高，人民币跨境支付系统（CIPS）业务范围已覆盖近 40 个沿线国家和地区。中国—国际货币基金组织联合能力建设中心、"一带一路"财经发展研究中心挂牌成立。

（五）在民心相通方面

民心相通是共建"一带一路"的人文基础。"一带一路"沿线各国开展了形式多样、领域广泛的公共外交和文化交流，增进了相互理解和认同，为共建"一带一路"奠定了坚实的民意基础。主要进展包括：

1. 开展文化交流

启动了"丝路一家亲"行动，推动沿线各国社会组织共同开展民生领域合作。中国与沿线国家互办艺术节、电影节、音乐节、文物展、图书展等活动，合作开展图书广播影视精品创作和互译互播。丝绸之路国际剧院、博物馆、艺术节、图书馆、美术馆联盟相继成立。共同举办文化年活动,形成了"丝路之旅""中非文化聚焦"等10多个文化交流品牌,打造了丝绸之路(敦煌)国际文化博览会、丝绸之路国际艺术节、海上丝绸之路国际艺术节等一批大型文化节会,在沿线国家设立了17个中国文化中心。中国与印度尼西亚、缅甸、塞尔维亚、新加坡、沙特阿拉伯等国签订了文化遗产合作文件。中国、哈萨克斯坦、吉尔吉斯斯坦"丝绸之路:长安—天山廊道的路网"联合申遗成功。"一带一路"新闻合作联盟建设积极推进。截至2019年4月底,丝绸之路沿线民间组织合作网络成员已达310家,成为推动民间友好合作的重要平台。

2. 推动教育培训

中国设立"丝绸之路"中国政府奖学金项目,与24个沿线国家签署高等教育学历学位互认协议。沿线国家几万人接受中国政府奖学金来华留学。香港、澳门特别行政区分别设立共建"一带一路"相关奖学金。截至2019年4月底,在54个沿线国家设有孔子学院153个、孔子课堂149个。中国科学院在沿线国家设立硕士、博士生奖学金和科技培训班,已培训近万人次。在华留学的沿线国家留学生人数持续增加。

3. 建立对话机制

中国与沿线国家通过政党、议会、智库、地方、民间、工商界、媒体、高校等"二轨"交往渠道,围绕共建"一带一路"开展形式多样的沟通、对话、交流、合作。2017年12月,中国组织召开了中国共产党与世界政党高层对话会,就共建"一带一路"相关议题深入交换意见。中国与相关国家先后组建了"一带一路"智库合作联盟、丝路国际智库网络、高校智库联盟等。英国、日本、韩国、新加坡、哈萨克斯坦等国都建立了"一带一路"研究机构，举办了形式多样的论坛和研讨会。中外高校合作设立了"一带一路"研究中心、合作发展学院、联合培训中心等，为共建"一带一路"培养国际化人才。中外媒体加强交流合作，通过举办媒体论坛、合作拍片、联合采访等形式，提高了共建"一带一路"的国际传播能力，让国际社会及时了解共建"一带一路"相关信息。

二、推进"一带一路"建设面临的新形势及风险与挑战

8 年多来，"一带一路"建设形成了一大批实实在在的成果，特别是我国与"一带一路"沿线国家共同抗击新冠肺炎疫情的表现得到了世界绝大多数国家和民众的普遍认可和支持。国际上对我国有利的因素在集聚，机遇前所未有。

当今世界正经历百年未有之大变局。新冠肺炎疫情全球蔓延，不确定不稳定因素增多。因此，对可能出现的风险和挑战必须有底线思维和应变准备。2019 年 1 月 21 日，习近平总书记在省部级主要领导干部坚持底线思维着力防范化解重大风险专题研讨班开班式上的讲话中强调，要坚持底线思维，增强忧患意识，提高防控能力，着力防范化解重大风险。目前，世界大变局加速深刻演变，贸易保护主义和逆全球化思潮抬头，单边主义对世界经济的负面影响逐步显现，全球动荡源和风险点增多等，都使深入推进"一带一路"建设面临诸

多不确定因素和风险。我们坚定支持开放、透明、包容、非歧视的多边贸易体制,推进"一带一路"建设正是强化互利合作、积极参与多边贸易规则完善的有利契机,有助于主动谋划构建于我有利的经贸规则,提高我国在国际治理体系中的话语权和影响力。

全球经济状况如何对"一带一路"建设影响很大。经济下行毫无疑问会增加"一带一路"建设的现实困难和隐性风险。新冠肺炎疫情冲击和带来的严重经济衰退会极大影响"一带一路"建设的外部环境,将给推进"一带一路"建设带来重重考验。一些沿线国家经济本就脆弱,疫情的冲击可能造成财政上的不堪重负和金融市场震荡,货币脆弱性凸显,会影响制约"一带一路"项目的可持续推进。联合国 2021 年 3 月 25 日发布的《2021 年可持续发展融资报告》称,全球用于刺激和恢复的资金高达 16 万亿美元,但其中只有不到 20%用于发展中国家。

对于上述风险和挑战,我们既要保持清醒,又要有足够的定力。共建"一带一路"在发展中肯定会遇到一些困难和曲折。无论是顺境还是逆境,我们都要弘扬伙伴精神,不忘合作初心,坚定不移前进。共建"一带一路"一定会迎来一个更加美好的世界。

三、推动"一带一路"建设高质量高标准高水平发展

以第二届"一带一路"国际合作高峰论坛为重要里程碑,"一带一路"建设进入了聚焦重点、深耕细作,绘制精谨细腻"工笔画"的高

标准高质量发展新阶段。

（一）深化共建"一带一路"的指导方针和基本遵循

深化"一带一路"建设要认真学习贯彻习近平新时代中国特色社会主义思想。2013年以来，习近平总书记在多个场合多次就"一带一路"建设发表重要讲话。

2018年12月，中央文献出版社出版了《习近平谈"一带一路"》一书，这本书是由中共中央党史和文献研究院编辑的，收录了习近平总书记2013年9月到2018年7月期间关于推进"一带一路"建设的重要文稿42篇。

2018年7月以后，习近平总书记又多次就"一带一路"建设发表重要讲话并作出重要指示批示。

2019年4月25日至27日，第二届"一带一路"国际合作高峰论坛在北京举办。习近平主席在开幕式上的主旨演讲、欢迎宴会上的祝酒辞、圆桌峰会上的开幕辞和记者会上的讲话中，对共建"一带一路"的意义、理念、目的、属性等再次作了集中、系统、全面、精辟的阐述。

在第二届"一带一路"国际合作高峰论坛开幕式上的主旨演讲中，习近平主席指出，共建"一带一路"倡议，目的是聚焦互联互通，深化务实合作，携手应对人类面临的各种风险挑战，实现互利共赢、共同发展。共建"一带一路"，顺应经济全球化的历史潮流，顺应全球治理体系变革的时代要求，顺应各国人民过上更好日子的强烈愿望。

在欢迎宴会上的祝酒辞中，习近平主席指出，世界文明的魅力在于多姿多彩,人类进步的要义在于互学互鉴。面对当今世界的各种挑战,我们应该从丝绸之路的历史中汲取智慧,从当今时代的合作共赢中发掘力量,发展全球伙伴关系,开创共同发展的光明未来。经过各方共同努力,共建"一带一路"蓝图初步绘就,成果逐渐呈现。在这一过程中,来自不同国家的朋友相识相知,结成了紧密的合作伙伴。

在圆桌峰会上的开幕辞中,习近平主席指出,我们期待同各方一道,完善合作理念,着力高质量共建"一带一路"。我们期待同各方一道,明确合作重点,着力加强全方位互联互通。我们期待同各方一道,强化合作机制,着力构建互联互通伙伴关系。

在记者会上的讲话中,习近平主席指出,共建"一带一路"应潮流、得民心、惠民生、利天下。共建"一带一路"倡议源于中国,机会和成果属于世界。共建"一带一路"是一项长期工程,是合作伙伴们共同的事业。

在2020年新年贺词中,习近平主席指出,我们愿同世界各国人民携起手来,积极共建"一带一路",推动构建人类命运共同体,为创造人类美好未来而不懈努力。2020年6月17日,习近平主席在中非团结抗疫特别峰会上的主旨讲话中指出,为克服疫情带来的冲击,我们要加强共建"一带一路"合作,加快落实中非合作论坛北京峰会成果,并将合作重点向健康卫生、复工复产、改善民生领域倾斜。2020年6月18日,习近平主席在向"一带一路"国际合作高级别视频会议发表的书面致辞中指出,疫情给我们带来一系列深刻启示。促进互联互通、坚持开放包容,是应对全球性危机和实现长远发展的必由之路,共建"一带一路"国际合作可以发挥重要作用。

这些重要讲话和指示,深刻阐释了共建"一带一路"的重要意义、指导原则、内涵理念、目标路径等,为"一带一路"建设高质量高标准高水平发展,战胜新冠肺炎疫情,走深走实、行稳致远指明了正确方向,勾画了宏伟蓝图,提供了重要遵循。

(二)深化共建"一带一路"的主要任务和内容

当前和今后一个时期,深化共建"一带一路"的主要任务,就是以习近平新时代中国特色社会主义思想为指导,按照党中央决策部署,秉持共商共建共享原则,坚持开放、绿色、廉洁理念,努力实现高标准、惠民生、可持续目标,与"一带一路"国家团结抗疫,深化合作,推动共建"一带一路"高质量高标准高水平发展,将"一带一路"打造成构建人类命运共同体的"合作之路、健康之路、复苏之路、增长之路"。

1.继续秉持共商共建共享原则

共建"一带一路"倡议着眼于构建人类命运共同体,秉持共商共建共享原则,为推动全球治理体系变革和经济全球化作出了中国贡献。秉持共商共建共享原则,就是倡导多边主义,大家的事大家商量着办,推动各方各施所长、各尽所能,通过双边合作、三方合作、多边合作等各种形式,把大家的优势和潜能充分发挥出来,聚沙成塔、积水成渊。

(1)共商:推动中国倡议成为全球共识

共商就是"大家的事大家商量着办",强调平等参与、充分协商,以平等自愿为基础,通过充分对话沟通找到认识的相通点、参与合作的交汇点、共同发展的着力点。"一带一路"倡议和规划的对接,召开高峰论坛、高级别会议,领导人互访洽谈等,都是共商的结果,共商就容易形成共识。

要强化多边机制在共商中的作用。共建"一带一路"顺应和平与发展的时代潮流,坚持平等协商、开放包容,促进沿线国家在既有国际机制基础上开展互利合作。要继续充分利用二十国集团、亚太经合组织、上海合作组织、亚欧会议、亚洲合作对话、亚信会议、中国—东盟(10+1)、澜湄合作机制、大湄公河次区域经济合作、大图们倡议、中亚区域经济合作、中非合作论坛、中阿合作论坛、中拉论坛、中国—中东欧 17+1 合作机制、中国—太平洋岛国经济发展合作论坛、世界经济论坛、博鳌亚洲论坛等现有多边合作机制,在相互尊重、相互信任的基础上,积极同各国开展共建"一带一路"实质性对接与合作。

要充分发挥"二轨"对话机制在共商中的作用。要继续与沿线国家通过政党、议会、智库、地方、民间、工商界、媒体、高校等"二轨"交往渠道,围绕共建"一带一路"开展形式多样的沟通、对话、交流、合作。比如中国组织召开了中国共产党与世界政党高层对话会,就共建"一带一路"相关议题深入交换意见就很有成效。要发挥好与相关国家组建的"一带一路"智库合作联盟、丝路国际智库网络、高校智库联盟等的作用。从 2019 年开始的 5 年,中国计划邀请共建"一带一路"国家的政党、智库、民间组织等 1 万名代表来华交流。要加强与英国、日本、韩国、新加坡、哈萨克斯坦等国建立的"一带一路"研究机构的交流,举办形式多样的论坛和研讨会。要利用中外高校合作设立的"一带一路"研究中心、丝路合作发展学院、联合培训中心等,为共建"一带一路"培养国际化人才。要加强中外媒体交流合作,通过举办媒体论坛、合作拍片、联合采访等形式,提高共建"一带一路"的国际传播能力,让国际社会及时了解共建"一带一路"相关信息。

(2)共建:加强彼此合作,共同推进互联互通建设

共建就是各方都是平等的参与者、建设者和贡献者,也是责任和风险的共同担当者。

共建"一带一路",关键是互联互通。基础设施是互联互通的基石,也是许多国家发展面临的瓶颈。一要建设好以新亚欧大陆桥等经济走廊为引领,以中欧班列、陆海贸易通道等大通道和信息高速路为骨架,以铁路、港口、管网等为依托的互联互通网络。二要高质量推进一批基础设施和产能合作重大项目建设,兼顾项目经济效益、政治效益、社会效益,形成更多可视性成果。三要推动多边和各国金融机构参与共建"一带一路"投融资,鼓励开展第三方市场合作,通过多方参与实现共同受益的目标。四要加大规划政策、标准规则、执法监管的对接力度,推进政策、规则、标准三位一体的"软联通",进一步提升通关便利化水平。

(3)共享:让所有参与方特别是东道国人民获得实惠

共享就是兼顾合作方利益和关切,寻求利益契合点和合作最大公约数,使合作成果福及双方、惠泽各方。共建"一带一路"不是"你输我赢"或"你赢我输"的零和博弈,而是双赢、多赢、共赢。

要将发展成果惠及沿线国家。中国经济对世界经济增长的贡献率多年保持在30%左右。近年来,中国进口需求迅速扩大,在对国际贸易繁荣作出越来越大贡献的同时,拉动了对华出口的沿线国家经济增长。在共建"一带一路"合作框架下,中国支持亚洲、非洲、拉

丁美洲等地区广大发展中国家加大基础设施建设力度,让世界经济发展的红利不断输送到这些发展中国家。世界银行研究组2018年的量化贸易模型结果显示,共建"一带一路"将使"发展中的东亚及太平洋国家"的国内生产总值平均增加2.6%至3.9%。

继续实施共建"一带一路"科技创新行动计划,同各方一道推进科技人文交流、共建联合实验室、科技园区合作、技术转移四大举措,促进科技创新成果向沿线国家转移。要积极实施创新人才交流项目,从2019年开始的5年内支持5000人(次)中外方创新人才开展交流、培训、合作研究。支持各国企业合作推进信息通信基础设施建设,提升网络互联互通水平。

2. 坚持开放、绿色、廉洁理念

坚持开放、绿色、廉洁理念,就是不搞封闭排他的小圈子,把绿色作为底色,推动绿色基础设施建设、绿色投资、绿色金融,保护好我们赖以生存的共同家园,坚持一切合作都在阳光下运作,共同以零容忍态度打击腐败。我们发起了《廉洁丝绸之路北京倡议》,愿同各方共建风清气正的丝绸之路。

(1)开放:要建设开放之路。

要深化经贸投资合作,进一步推进贸易和投资自由化便利化,旗帜鲜明反对保护主义,推动经济全球化朝着更加开放、包容、普惠、平衡、共赢的方向发展。一要同更多国家商签高标准自由贸易协定,加强海关、税收、审计监管等领域合作,建立共建"一带一路"税收征管合作机制,加快推广"经认证的经营者"国际互认合作。二要举办好中国国际进口博览会,为各方进入中国市场搭建更广阔平台。三要更加重视对外开放政策贯彻落实,高度重视履行同各国达成的多边和双边经贸协议。四要加强法治政府、诚信政府建设，建立有约束的国际协议履约执行机制。五要按照扩大开放的需要修改完善法律法规，在行政许可、市场监管等方面规范各级政府行为，清理废除妨碍公平竞争、扭曲市场的不合理规定、补贴和做法，公平对待所有企业和经营者，完善市场化、法治化、便利化的营商环境。六要围绕六大国际合作经济走廊建设，提升经贸合作水平，打造经贸合作新的增长点。七要加强境外合作园区建设。八要规范企业海外经营行为，指导监督走出去企业有序参与"一带一路"建设，支持行业商会、协会发挥统筹协调作用，防止出现无序竞争、相互拆台等乱象。

（2）绿色：要建设绿色之路。

一要启动"一带一路"绿色发展国际联盟和生态环保大数据服务平台，同各方共建"一带一路"可持续城市联盟，落实好绿色"一带一路"倡议、《"一带一路"绿色发展报告》和《"一带一路"绿色投资原则》。二要重点加强在应对气候变化、海洋合作、荒漠化防治等方面的国际交流合作。三要重视鼓励企业、科研机构在国际上开展节能环保等方面研发合作。四要加强能源资源有效利用、污染防治等领域的交流合作。五要积极宣介"绿色丝绸之路"和我国在减贫、环境治理等领域取得的重要成果，开展环境保护宣传教育合作，将可持续发展理念融入项目选择、实施、管理的方方面面。六要落实"关爱儿童、共享发展，促进可持续发展目标实现"合作倡议。七要继续实施绿色丝路使者计划，并同有关国家一道，实施"一带一路"应对气候变化南南合作计划。此外，深化农业、卫生、减灾、水资源等领域合作。

（3）廉洁：加强"一带一路"反腐败国际合作机制建设，加快建立双边反腐败合作机制，推动建立多边框架下的反腐败执法合作机制，建设"廉洁丝绸之路"。

要共同落实《廉洁丝绸之路北京倡议》,共同以零容忍态度打击腐败。共建风清气正的营商环境,提升企业廉洁合规经营能力。

3. 努力实现高标准、惠民生、可持续目标

(1)高标准:就是引入各方普遍支持的规则标准,推动企业在项目建设、运营、采购、招投标等环节按照普遍接受的国际规则标准进行,同时要尊重各国法律法规。

建设高质量、可持续、抗风险、价格合理、包容可及的基础设施,有利于各国充分发挥资源禀赋,更好融入全球供应链、产业链、价值链,实现联动发展。要打造数字丝绸之路,要坚持创新驱动发展,加强在数字经济、人工智能、纳米技术、量子计算机等前沿领域合作,推动大数据、云计算、智慧城市建设等融入"一带一路"建设。

(2)惠民生:要推动沿线国家改善民生。

中国把向沿线国家提供减贫脱困、农业、教育、卫生、环保等领域的民生援助纳入共建"一带一路"范畴。要继续开展中非减贫惠民合作计划、东亚减贫合作示范等活动。积极实施湄公河应急补水,帮助沿河国家应对干旱灾害,向泰国、缅甸等国提供防洪技术援助。落实好中国与世界卫生组织签署的关于"一带一路"卫生领域合作的谅解备忘录,实施中非公共卫生合作计划、中国—东盟公共卫生人才培养百人计划等项目。当前特别是要对沿线国家抗击疫情提供尽可能的帮助。让共建"一带一路"成果更好惠及全体人民,为当地经济社会发展作出实实在在的贡献。

(3)可持续:要落实好已制定的《"一带一路"融资指导原则》和已发布的《"一带一路"债务可持续性分析框架》,为共建"一带一

路"融资合作提供指南。继续发挥共建"一带一路"专项贷款、丝路基金、各类专项投资基金的作用,发行丝路主题债券,支持多边开发融资合作中心有效运作。确保项目建设商业和财政上的可持续性,做到善始善终、善作善成。

(三) 团结抗击疫情打造"合作、健康、复兴、增长"之路

疫情发生以来,习近平主席多次与外国政要和国际组织负责人会谈会见、连续开展"电话外交"、向多个国家致慰问电,不断强调各国应该同舟共济、携手抗疫。在向"一带一路"国际合作高级别视频会议发表的书面致辞中,习近平主席指出,促进互联互通、坚持开放包容,是应对全球性危机和实现长远发展的必由之路,共建"一带一路"国际合作可以发挥重要作用。这在特殊时期释放了中国与合作伙伴继续高质量高标准高水平共建"一带一路"的坚定信心,为人类携手抗疫、共同发展注入了强劲动力,进一步彰显了中国作为负责任大国的担当与作为。习近平主席指出,这次突如其来的疫情给各国人民生命安全和身体健康带来严重威胁,对世界经济造成严重冲击,一些国家特别是发展中国家经济社会面临严重困难。为应对疫情,各国立足自身国情,采取有力防控措施,取得了积极成效。很多国家在做好疫情防控的同时,正努力恢复经济社会发展。中国坚持人民至上、生命至上,愿努力为全球尽早战胜疫情、促进世界经济恢复作出贡献。中国始终坚持和平发展、坚持互利共赢。我们愿同合作伙伴一道,把"一带一路"打造成团结应对挑战的合作之路、维护人民健康安全的健康之路、促进经济社会恢复的复苏之路、释放发展潜力的增长之路。通过高质量共建"一带一路",携手推动构建人类命运

共同体。

1. 打造团结应对挑战的合作之路

疫情虽然给人类带来严峻的困难和挑战,但也给我们带来一系列深刻启示。在携手抗疫的过程中,各国更加懂得"人类是同舟共济的命运共同体"的深刻含义。面对病毒,应对挑战,各国都不能独善其身,唯有团结合作、才能渡过难关。

各国在加强"一带一路"国际合作中,要继续分享疫情防控经验,深化疫苗研发等科技合作,共同应对疫情挑战。要加强政策沟通和协同,携手共同打造人类卫生健康共同体,让"一带一路"沿线各国成为团结抗疫的合作典范。共建"一带一路"不仅是经济合作,也是应对全球性危机和实现长远发展的重要举措。无论是应对疫情,还是恢复经济、战胜风险,共建"一带一路"国际合作都可以发挥重要作用。

要支持以世界贸易组织为核心、以规则为基础、透明、非歧视、开放的多边贸易体制。维护区域和全球产业链和供应链的稳定,包括商品、服务和人员的正常流动,同时帮助受疫情影响的产业与经济体。要保护公平竞争和知识产权。

2. 打造维护人民健康安全的健康之路

疫情发生以来,"一带一路"合作伙伴相互支援、共克时艰。如疫情发生初期,巴基斯坦拿出全国医院库存口罩供给中国,缅甸向中国捐赠大米。而中国也尽己所能,帮助塞内加尔改建医院,捐助物资助印尼抗疫,派出医疗专家组,分享治疗方案,给意大利、伊朗、塞尔维亚、菲律宾等众多"一带一路"沿线国家捐赠检测试剂、防护用品、药品等急需医疗物资。截至 2021 年 6 月中旬,中国已经向 90 多个国家提供了超 4 亿剂疫苗和原液,其中大多数是"一带一路"合作伙伴,毫无保留地同各国全面分享防控和诊疗经验。

持续抗击疫情,最终战胜病毒,需要各方的努力,要及时分享必要信息及疫情诊疗经验和最佳实践。加强和升级公共卫生系统能力,投资建设一批完善和有韧性的卫生基础设施,包括发展远程医疗。促进卫生专家对话、为有需要的国家提供帮助等方式,合作应对、控制并战胜疫情。鼓励"一带一路"各国必要时在双边、区域、国际等层面建立疫情联防联控机制。要使质量可靠的卫生产品特别是对应对疫情至关重要的疫苗、药物及医疗物资具有可获得性、可及性和可负担性。疫苗应作为全球公共产品使用。

3. 打造促进经济社会恢复的复苏之路

要加强互联互通,构建全方位、复合型的基础设施互联互通格局和可持续交通体系,鼓励各国发展相互兼容和多式联运的交通,开发跨国、跨区域交通和物流通道,增强各国在空中、陆地和海上的互联互通。交通基础设施项目及陆上、空中和海上线路等跨区域交通、物流通道在运送抗疫医疗物资、设备、食品、主要农产品和其他重要商品,保障供应链,促进国际贸易畅通,以及保障民生和经济发展需求上发挥重要作用。在条件允许的情况下,要合作保持上述通道畅通或恢复开放。

在做好疫情防控的基础上,遵照世界卫生组织等相关国际组织的专业建议促进经济恢复,特别是推动有序复工复产及重新融入全球价值链。在做好疫情防控措施基础上逐步恢复旅游业。加强在人力资源开发、教育和职业培训等方面的合作,增强民众应对疫情挑战的能力。

4. 打造释放发展潜力的增长之路

抗击疫情的同时,要注意释放发展潜力。中国一直主张,采取诸多举措,推动释放发展潜力。2020 年 5 月 18 日,在以网络远程会议形式举行的第 73 届世界卫生大会上,习近平主席在开幕式上的致辞中呼吁加大对非洲国家的支持;2020 年 6 月 17 日,在中非团结抗疫特别峰会上,习近平主席表示疫苗研发成果率先惠及非洲国家,免除有关非洲国家截至 2020 年底到期对华无息贷款债务。

在疫情冲击全球经济社会发展的背景下,各国需要加强在数字经济、医疗产业和食品安全领域的合作,并在电子商务、智慧城市、人工智能和大数据技术应用等领域培育新的经济增长点,借鉴国际良好实践并缩小数字鸿沟,打造有利于增长的"创新丝绸之路""数字丝绸之路"。

(四) 福建省要发挥好"海上丝绸之路"核心区重要作用

福建省在共建"一带一路"中具有重要地位和作用。是 21 世纪"海上丝绸之路"建设的核心区。几年来,福建省委、省政府高度重视、加强领导,按照中央决策部署,积极参与"一带一路"建设,既取得明显成效,也探索、积累了许多好的经验和做法。

"丝路海运""丝路飞翔"等"海上丝绸之路"核心区建设八大工程深入实施,2019 年,"丝路海运"突破 1800 个航次,"丝路飞翔"空中航线近 400 条,与共建"一带一路"国家和地区贸易额增长16.3%。2020 年一季度,厦门市货物贸易进出口 1442.2 亿元,增长3.7%,其中对"一带一路"沿线国家进出口 469.8 亿元,增长 9.5%,占 32.6%,保持对"一带一路"沿线国家进出口增势。2019 厦门国际投资贸易洽谈会暨丝路投资大会、21 世纪海上丝绸之路博览会都产生了很大影响。

希望福建省在团结抗击疫情,把"一带一路"打造为"合作之路、健康之路、复苏之路、增长之路",推动"一带一路"建设高质量高标准高水平发展中,实施好"海上丝绸之路"核心区建设提升行动,继续做好数字丝路、丝路投资、丝路贸易、人文海丝、生态海丝、海丝茶道等八大工程,加快建设"一带一路"两国双园,在与菲律宾、越南、马来西亚、印度尼西亚、俄罗斯、蒙古国、乌克兰、捷克等国家深化经贸往来的基础上,进一步扩大开放范围,谱写"海上丝绸之路"建设新篇章。

（本文原为作者 2020 年 7 月在厦门大学的演讲,收入时略有改动）

深化务实合作，打造"信任丝绸之路"

面对百年未有之大变局和全球疫情，在后疫情时代完善全球治理，高质量共建"一带一路"，推动亚洲乃至世界经济复苏，都有赖于加强信任，共建信任经济。

经济全球化背景下，信任既是人与人之间和睦相处的前提，也是国与国之间和平共处的基础。习近平主席强调，信任是国际关系中最好的黏合剂。只有在信任的基础上才能构建起命运与共的全球伙伴关系。

博鳌亚洲论坛2021年年会把打造信任经济作为主要议题之一专门讨论，十分有意义。打造"信任经济"不仅对于应对全球疫情，研制接种疫苗，做好防控工作，而且对于后疫情时代全球经济复苏，深化各国务实合作，推动全球经济健康繁荣发展，都至关重要。本次论坛的主题是"世界大变局：共襄全球治理盛举，合奏'一带一路'强音"。"全球治理""一带一路"是关键词。如何在后疫情时代、深化全球治理的过程中，共同建设好"一带一路"，首先需要解决信任问题。打造共建"一带一路"的信任经济。运用技术手段固然重要，但创新体制机制或许更为重要。

下面，就深化后疫情时代各国务实合作，共同打造"信任丝绸之路"谈几点看法。

一、"一带一路"是"信任丝绸之路"

共建"一带一路"基于互信共识。共建"一带一路"倡议从 2013 年提出到现在 8 年了。截至 2021 年 1 月底，中国已与 140 个国家、31 个国际组织签署了 205 份共建"一带一路"合作文件，成功召开一系列国际合作高级别会议，包括疫情期间的视频会议。在共商共建共享的原则下，推动了"一带一路"合作伙伴国之间多方面的务实合作。政策沟通、设施联通、贸易畅通、资金融通、民心相通成效显著。中巴经济走廊、雅万高铁、中老铁路、匈塞铁路等重大项目进展良好。中欧班列无论开行数量还是货物运量都不断刷新纪录。陆海新通道运量成倍增加。产能合作更加务实深入。第三方市场合作领域不断拓展。科技教育文化等人文交流更为广泛。抗疫国际合作彰显了共建"一带一路"的重要性。构建人类命运共同体理念更加深入人心。实践表明，共建"一带一路"取得的进展和成就，建立在互信共识的基础之上。

深化共建"一带一路"务实合作必须加深彼此信任。共建"一带一路"目前已进入高质量发展新阶段，重要任务是深化务实合作。深化务实合作的基础是构建合作方"信任伙伴"关系，成为相互信任的利益共同体。共建信任共同体，不仅是技术问题，更是体制机制问题。

要把"一带一路"建设成"信任丝绸之路"。我们常说,要把"一带一路"建设成为和平之路、繁荣之路、开放之路、绿色之路、创新之路、文明之路。为抗击新冠肺炎疫情,我们又提出要把"一带一路"打造成团结应对挑战的合作之路、维护人民健康安全的健康之路、促进经济社会恢复的复苏之路、释放发展潜力的增长之路。习近平主席在博鳌亚洲论坛2021年年会开幕式上的视频主旨演讲中,又提出把"一带一路"建成"减贫之路",在其他重要讲话中还提出要建设"数字丝绸之路""廉洁丝绸之路"等。笔者认为,所有这些都离不开信任,都必须建设"信任丝绸之路"。

二、打造"信任丝绸之路"的关键在于深化改革开放

打造"信任丝绸之路",要像习近平主席在博鳌亚洲论坛2021年年会开幕式上的视频主旨演讲中倡议的,亚洲和世界各国要回应时代呼唤,携手共克疫情,加强全球治理,朝着构建人类命运共同体方向不断迈进。要平等协商,开创共赢共享的未来。要开放创新,开创发展繁荣的未来。要同舟共济,开创健康安全的未来。要坚守正义,开创互尊互鉴的未来。遵此,推进与维护"一带一路"信任经济,取决于5个方面,一是理念共识,这是哲学也是文化层面;二是守信践约,这是道德也是行为层面;三是机制规则,这是约定也是规制层面;四是技术支撑,这是约束也是监督层面;五是法律保障,这是仲裁也是惩戒层面。

要通过体制改革和机制创新，战略、规划、机制对接，政策、规则、标准软联通等措施，也就是制度性开放，打造一条"信任丝绸之路"。具体来讲：一是坚持共商共建共享原则，建立基本互信；二是构筑互利共赢的供应链、产业链、数据链、人才链务实合作体系；三是推进守信重诺的贸易投资便利化自由化；四是拓展可信赖的第三方市场合作；五是遵循国际惯例和债务可持续原则；六是健全多元化投融资体系等。

三、打造"信任丝绸之路"当务之急是破解信任赤字

博鳌亚洲论坛应致力于打造"信任丝绸之路"。29个发起成员国大都是共建"一带一路"国家。RCEP成员国也大都是与我国已签署共建"一带一路"政府协议的国家。东盟已成为中国第一大贸易伙伴。博鳌亚洲论坛各成员国在共同面对挑战的过程中，迫切需要增进互信，就打造"信任丝绸之路"达成共识并一致推动实施。习近平主席指出，面向未来，我们将同各方继续高质量共建"一带一路"，将建设更紧密的卫生合作伙伴关系，建设更紧密的互联互通伙伴关系，建设更紧密的绿色发展伙伴关系，建设更紧密的开放包容伙伴关系。建设这些伙伴关系，必须包容、互信，建设"信任丝绸之路"。打造"信任丝绸之路"当务之急是破解、消除信任赤字。

（一）信任赤字是目前全球治理存在的突出问题

2019 年 3 月 26 日,习近平主席在巴黎出席中法全球治理论坛闭幕式并发表题为《为建设更加美好的地球家园贡献智慧和力量》的重要讲话时,提出要坚持互商互谅,破解信任赤字。2019 年 11 月 14 日,习近平主席在金砖国家领导人巴西利亚会晤公开会议上发表题为《携手努力共谱合作新篇章》的重要讲话中指出,令人担忧的是,保护主义、单边主义愈演愈烈,治理赤字、发展赤字、信任赤字有增无减,世界经济中不稳定不确定因素明显上升。在博鳌亚洲论坛 2021 年年会开幕式上的视频主旨演讲中,习近平主席再次强调,当前,百年变局和世纪疫情交织叠加,世界进入动荡变革期,不稳定性不确定性显著上升。人类社会面临的治理赤字、信任赤字、发展赤字、和平赤字有增无减,实现普遍安全、促进共同发展依然任重道远。再次提到信任赤字。

（二）消除信任赤字,需要相互尊重、互商互谅

信任的基础是尊重,只有在尊重的前提下才能赢得信任。在相互尊重的基础上加强对话协商,才能增进互信、减少猜疑。那种唯我独尊、赢者通吃的做法,无疑会破坏信任与合作。弥补信任赤字,必须把互相尊重作为前提和基础,在此基础上加强沟通,彼此理解,做到互商互谅、不断凝聚共识,管控分歧,才能增进彼此信任,才能推进务实合作,实现互利共赢。在国际关系中,相互尊重就要坚持求同存异,尊重各国人民自主选择发展道路的权利,不把自己的意志强加于人,不能以强凌弱,更不能干涉别国内政。

（三）消除信任赤字，需要以诚相待、信守承诺

坚守"言必信、行必果"的行为准则，以诚相待，信守承诺，才能赢得信任。我国一直是言出必行的典范。多年来，我们积极践行在国际社会上作出的每项承诺，认真兑现与国际组织和他国缔结的各种合约条款，对欠发达地区的帮助、对"一带一路"沿线国家的支援等，在国际上树立起负责任大国的形象。如果言而无信，出尔反尔，必然不会赢得信任。

（四）消除信任赤字，需要尊重规则、恪守规则

中国尊重联合国的崇高地位，严格按照联合国宪章的原则和宗旨办事，遵守国际法和国际规则。主动参与国际规则制定，在国际规则上主持公道，反对无端的欺凌和压榨，坚决维护公平正义的国际秩序，赢得了世界绝大多数国家的尊敬和信任。

（五）消除信任赤字，需要沟通交流、加强对话

交流是理解的基础，沟通是信任的桥梁，增进信任必须加强彼此沟通理解。以交流增进理解、以交往打破对抗、以交心增进信任。世界上有200多个国家和地区，每个国家不同的历史背景孕育出不同的历史、文化、风俗和文明。每一种文明都有其独特魅力和深厚底蕴，都是人类的精神瑰宝。如何做到相互理解、相互信任，关键是在求同存异、和而不同的基础上加强沟通交流与对话。文明因交流而多彩，文明因互鉴而丰富。文明交流互鉴是增进互信的桥梁。要通过多种方式，建立多渠道对话交往机制和平台，加强协商、沟通、交

流,减少分歧、消除误会、增进互信。

　　总之,要把打造一条充满阳光和希望的"信任丝绸之路",发展"一带一路"信任经济,作为应对挑战、构建新发展格局的重要任务,提上"一带一路"高质量发展的重要日程。

　　(本文原为作者2021年4月20日在博鳌亚洲论坛2021年年会"打造'信任经济'"分论坛上的演讲,收入时略有改动)

附录　中国"一带一路"网对作者的专题采访

"十四五"期间,在构建新发展格局的新征程中,如何高质量推进"一带一路"建设,使"一带一路"国际合作走深走实? 2020 年底,中国"一带一路"网对中国经济体制改革研究会常务副会长兼秘书长赵艾进行了专访。

"一带一路"在沿线国家深受欢迎

中国一带一路网:您在推进"一带一路"建设工作领导小组办公室综合组主持工作时,"一带一路"沿线国家的哪些声音令您印象深刻?

赵艾:我在从事推进"一带一路"建设工作的时候,到过不少沿线国家,比如"丝绸之路经济带"上的国家,哈萨克斯坦、白俄罗斯等;再比如"21 世纪海上丝绸之路"上的国家,印度尼西亚、肯尼亚、埃塞俄比亚等,以及"一带一路"延伸国家,如巴拿马等。

在到访这些国家的时候,我发现当地无论是官方还是百姓,都非常欢迎"一带一路"倡议。为什么? 因为"一带一路"确实给他们带来了实实在在的好处。比如,因为"一带一路",东非有了第一条高速公路,马尔代夫有了第一座跨海大桥,白俄罗斯有了第一个中外合作的工业园区等。共建"一带一路"为参与国家带去了很多这样的"第一"。

赵艾:我在从事推进"一带一路"建设工作的时候,到过不少沿线国家。比较典型的共建"一带一路"让沿线国家受益的例子还如,在非洲,肯尼亚的蒙内铁路修好以后,不但便捷了交通,而且还增加了税收,提供了 5 万多个就业岗位,在当地很受欢迎。

这些国家也高度评价共建"一带一路"。我们推进"一带一路"建设,不仅在当地进行基础设施建设,而且致力于改善当地的民生,比如修建学校、改善民生设施等。还注意保护当地的生态,尽可能地尊重当地人的习惯。比如,在印度尼西亚修雅万高铁的时候,在工程建设中就考虑了当地人的风俗习惯与宗教信仰。总而言之,这些努力让当地的老百姓觉得,中国人是非常友好、怀抱善意的。同时,他们也对"一带一路"建设寄予厚望,希望能够从"一带一路"建设中得到更多的、看得见的、获得感更强烈的实惠。

中国一带一路网:"一带一路"建设给沿线国家带来哪些好处呢?

赵艾:中方与沿线各国共建"一带一路",实际上是多环节参与,对沿线国家的影响也是全方位的。从共建"一带一路"的"五通"方面来讲:

第一,政策沟通方面,共建"一带一路"倡议加深了当地政府相关政策与我国合作的沟通和共识。

第二,设施联通方面,基础设施能让沿线国家方方面面都得到实惠,比如中老铁路,如果没有共建"一带一路",老挝只是个陆锁国,通过"一带一路"倡议下的中老铁路的修建,老挝变成了陆联国,"一带一路"建设把老挝对外开放的路径通过基础设施建设完全打通了。

第三,贸易畅通方面,在共建"一带一路"倡议的推动下,2020年东盟国家已经成为中国的第一大贸易伙伴。在中国加入由东盟10国发起的区域全面经济伙伴关系协定(RCEP)后,更有力地推动了15个国家间的经贸合作。加入RCEP是一件非常了不起的事情,对地区经济发展影响很大,对于将来"一带一路"贸易畅通深化也会起到非常好的作用。

第四,资金融通方面,"一带一路"沿线国家进行基础设施建设面临着巨大的资金缺口,通过亚洲基础设施投资银行、丝路基金、国家开发银行、中国进出口银行以及中国出口信用保险公司的作用,解决了不少沿线国家基础设施建设过程中缺少资金的燃眉之急,所以在这一点上,沿线国家和人民都非常感激,认为中国是实实在在推动和帮助他们发展。

第五,民心相通方面,共建"一带一路"倡议在包含科教文卫在内的各个方面,与沿线国家深化了合作交流。

共建"一带一路"倡议实际上是一个综合工程,向世界介绍中国模式和中国方案,向世界讲述中国故事,传递中国声音。

"十四五"时期要将中国故事讲的更好

中国一带一路网："十四五"时期,您对"一带一路"高质量发展有什么具体建议呢?

赵艾："十四五"期间,推动"一带一路"高质量发展,必须按照国家高水平对外开放、构建新发展格局的总体部署和要求,继续深化国际合作。

第一,需要坚持"共商共建共享"原则,坚持绿色、开放、廉洁的理念,深化构建人类命运共同体的各项工作。

第二,深化务实合作,加强安全保障,促进共同发展。特别是在推进基础设施互联互通上,还要进一步加大力度,拓展第三方市场合作的渠道。

第三,进一步构筑互联互赢的产业链和供应链,深化国际产能合作,扩大双向的贸易和投资。以企业为主体,市场为导向,按国际惯例和债务可持续原则办事,健全多元化的投融资体系。

第四,推进战略规划和机制的对接,加强政策规则和标准的联通,这就是我们通常所说的"软联通"。从高水平对外开放的角度来讲,就是推动更深层次的制度型的开放。在"一带一路"沿线国家,过去我们侧重商品和要素流动性的开放,下一步要重点推动制度型的开放,这对于深化"一带一路"建设至关重要。制度型的开放,需要规则、规制、管理和标准的对接,是更深层次的开放。

第五,当然还要推动绿色发展与数字经济建设,促进同沿线国家的人文交流与共同抗疫合作。

　　总而言之,希望在"十四五"期间,通过共同努力,把共建"一带一路"打造成合作之路、健康之路、复苏之路和增长之路。要推动世界的共同发展,尤其是"一带一路"沿线国家的共同发展,为构建人类命运共同体作出更大贡献。

后　记

2020,庚子年。庚子年,不平静。

2021 年 1 月 23 日,距离 2020 年疫情严重的武汉市"封城"抗疫正好一周年。经过武汉努力、全国动员、国际支持,防控见效,到 2020 年 4 月 8 日,武汉"解封"。历经一年多举国动员、强力防控,新冠肺炎疫情得到了有效控制,但时至今日,国内部分地方依然零星散发与局部聚集性疫情交织尚存。尤其境外输入风险依然存在。

2020 年,我国政府疫情防控与复工复产两手抓、两不误,经济总量越过 100 万亿元,成为全球唯一经济正增长的主要经济体,令世界刮目相看,也令我们骄傲。与国家节奏同步,中国经济体制改革研究会的工作积极向前推进,并取得了可圈可点的成绩。我本人与同事们在严格执行疫情防控有关规定和要求的情况下,于 2020 年 5 月开始逐渐复工复产,或在京组织与出席论坛、座谈会、研讨会等活动,或出京调研并参加相关活动。根据 2021 年上半年、2020 年及 2019 年 10 月后出席相关活动的演讲以及对新形势下改革开放与构建新发展格局的一些思考,整理成此书,以纪念已成为过去、再也不会回来、令人百感交集的 2020 庚子年,致敬日益强大、继续走在改革开放大路上的中国,也致敬不忘改革初心、牢记开放使命,多年如一日,持续不懈深入研究改革开放、为改革开放建言献策、身体力行推进改革开放的改革同仁。

　　感谢恩师、原国家经济体制改革委员会副主任、中国经济体制改革研究会原名誉会长、著名经济学家高尚全对本书的指导。感谢老领导,良师益友,中国经济体制改革研究会会长,国家发展改革委员会原副主任,十二届全国人大常委、财经委员会副主任委员彭森为本书作序。感谢同事南储鑫博士对篇章结构排序梳理的建议及辛勤工作。感谢同事盛泽宇博士、邱永辉博士对文字内容的校订。感谢人民出版社王淼编辑对书稿的精心核改润色。时间仓促,水平有限,内容与文字难免挂一漏万乃至偏颇谬误,敬请各位读者批评指正。

赵　艾

2021 年 10 月